NO ENTANTO... PENSANDO MELHOR

CONSELHO EDITORIAL

André Costa e Silva

Cecilia Consolo

Dijon de Moraes

Jarbas Vargas Nascimento

Luis Barbosa Cortez

Marco Aurélio Cremasco

Rogerio Lerner

Blucher

NO ENTANTO...
PENSANDO MELHOR

W. R. Bion

Tradução
Paulo Cesar Sandler

Authorised translation from the English language edition by
Estate of Francesca Bion.
No entanto... pensando melhor
Titulo original: *Second thoughts*
© 1967 The Estate of Wilfred R. Bion
First published in 1967 by William Heinemann Medical Books,
London; it was reprinted in 1984 by Karnac Books, London.
© 2022 Editora Edgard Blucher Ltda.

Publisher Edgard Blücher
Editor Eduardo Blücher
Coordenação editorial Jonatas Eliakim
Produção editorial Lidiane Pedroso Gonçalves
Preparação de texto Maurício Katayama
Diagramação Negrito Produção Editorial
Revisão de texto Bárbara Waida
Capa Leandro Cunha

Blucher

Rua Pedroso Alvarenga, 1245, 4º andar
04531-934 – São Paulo – SP – Brasil
Tel.: 55 11 3078-5366
contato@blucher.com.br
www.blucher.com.br

Segundo o Novo Acordo Ortográfico, conforme
6. ed. do *Vocabulário Ortográfico da Língua
Portuguesa*, Academia Brasileira de Letras,
julho de 2021.
É proibida a reprodução total ou parcial por
quaisquer meios sem autorização escrita da
editora.

Todos os direitos reservados pela Editora Edgard
Blücher Ltda.

Dados Internacionais de Catalogação na Publicação (CIP)
Angélica Ilacqua CRB-8/7057

Bion, Wilfred R. (Wilfred Ruprecht), 1897-1979
  No entanto… pensando melhor / Wilfred
Ruprecht Bion ; Paulo Cesar Sandler. – São Paulo :
Blucher, 2022.
  248 p.

  Bibliografia
  ISBN 978-65-5506-157-4 (impresso)
  ISBN 978-65-5506-154-3 (eletrônico)

  1. Psicanálise. 2. Esquizofrenia. 3. Psicoses.
I. Título. II. Sandler, Paulo Cesar.

21-3419   CDD 150.195

Índice para catálogo sistemático:
1. Psicanálise

Conteúdo

1. Introdução — 7
2. O gêmeo imaginário — 11
3. Notas sobre a teoria da esquizofrenia — 37
4. Desenvolvimento de um pensar esquizofrênico — 55
5. A diferenciação entre personalidade psicótica e não-psicótica — 65
6. Alucinação — 95
7. Arrogância — 123
8. Ataques contra os vínculos — 133
9. Uma teoria do pensar — 157

10. Comentário   171

Notas sobre esta versão para a língua portuguesa de
Second Thoughts   233

   Paulo Cesar Sandler

1. Introdução

É comum encontrarmos coletâneas de estudos sobre psicanálise contendo várias histórias de casos clínicos. O que se segue não é exceção a esse fato. Aparentemente, esses textos contêm um duplo relato: histórias de pacientes acompanhadas de relatos detalhados das interpretações feitas pelos analistas durante as sessões, a respeito das associações dos pacientes. Sempre ficou-me uma impressão: relatos desse tipo são vulneráveis à objeção de que tanto a narrativa como a interpretação correspondente a ela constituem-se apenas como duas formas diversas de dizermos a mesma coisa. Ou de dizermos duas coisas diferentes sobre um mesmo fato. Ao longo do tempo, aquilo que fora suspeita pessoal maturou-se como convicção. Tentei formular tal convicção em três livros que aprofundam a discussão por meio de formulações mais precisas: *Aprender da Experiência, Elementos de psicanálise* e *Transformações*.

Fui modificando minhas visões a respeito do método psicanalítico ao longo desse tempo. No entanto, não estava disposto a permitir que a reimpressão dos estudos anteriores se condicionasse às modificações em minha visão. No entanto, simultaneamente, chegou o momento de mostrar quais foram as modificações. Para aqueles que desejam ver esses estudos do mesmo modo como foram originalmente impressos, mantive-os na forma original e acrescentei um capítulo final com os comentários envolvendo a evolução de minhas opiniões. Não considero que algum tipo de narrativa cuja intenção seja reportar aquilo que o paciente, ou eu, tenhamos falado mereça ser considerada como se fosse um "relato factual" daquilo que ocorreu durante uma sessão de análise. Em primeiro lugar, por não atribuir o significado usualmente dado a memórias, pois foi a própria psicanálise que observou, de modo claro, um fato: há distorções involuntárias, tornando absurdo que nos comportemos como se nossos relatos pudessem levar a conclusões isentas dessas distorções. Como se relatos de psicanalistas pudessem ser exceção a esse fato estabelecido por observação psicanalítica. Memórias nascem de experiências sensorialmente apreensíveis. Servem apenas para esse tipo de experiência. A psicanálise ocupa-se de experiências que não são apreensíveis pelo nosso aparato sensorial – será que alguém supõe que ansiedade tem forma? Ou cor? Ou odor? Registros baseados em percepções sensíveis registram apenas aquilo que é desnecessário psicanaliticamente. Portanto, em qualquer relato sobre uma sessão, será necessário lidar com a memória do evento apenas à guisa de comunicação pictorializada de uma experiência emocional – independentemente do fato de que possa ter sido feito logo depois do evento, ou de quem o tenha feito. Na época em que escrevi os relatos de casos, supus sinceramente que eram factualmente corretos (excluindo alterações em função de sigilo). No entanto, será necessário considerá-los como formulações verbais de imagens sensorializadas, construídas sob uma forma e – provavelmente – comunicadas sob outra forma. Um exemplo é o caso de uma comunicação por meio de uma teoria psicanalítica na literatura psicanalítica, seja no mesmo escrito ou em algum outro local. Minha avaliação parece excessivamente severa? Se for o caso, responderia que tal reavaliação se faz essencial; caso contrário, cessará todo progresso no trabalho psicanalítico. Pode-se considerar que esse tipo de reavaliação seja um trampolim para uma nova postura em relação ao nosso trabalho científico – ou o de outras pessoas.

Os estudos são reimpressos em sua forma original, para aqueles que pensarem ser mais fácil considerá-los como relatos factuais. Acrescentei comentários para expressar modificações em minha visão.

2. O gêmeo imaginário[1]

1. A maior parte do material que se segue deriva da análise de um paciente submetido a muitos anos de psicoterapia – terminada quando o terapeuta achou melhor que o paciente fosse leucotomizado. O prognóstico seria ruim, segundo o médico que indicou meu nome, em vista de uma brutal história familiar, que teria submetido o paciente a precoces pressões.

2. O paciente tinha uma irmã um ano e meio mais velha, falecida quando ele contava com um ano de idade, em função de enfermidade compartilhada pelos dois, cujo quadro clínico incluiu diarreias severas.

3. A família mantinha relações íntimas com um vizinho, que também tinha filhos: duas menininhas mais jovens – dois anos e sete anos – do que o paciente. Foram suas únicas amiguinhas até que meu paciente atingisse 10 anos de idade. A mais jovem faleceu em um asilo, antes da Segunda Guerra Mundial. A outra

---

[1] Caso apresentado à Sociedade Psicanalítica Britânica, em 1º de novembro de 1950, sob forma oral.

sobreviveu sob um estado de insanidade incurável – supostamente esquizofrenia.

4. A desunião parental complicou a infância do paciente. A família mudou-se para outro país, que passava por um processo de desenvolvimento em técnicas esportivas, principalmente o futebol. Descobriu-se que o paciente tinha capacidade atlética e era dotado de inteligência. Parecia aberto um caminho para uma carreira popular, e bem-sucedida. No entanto, deterioram-se as finanças de sua família, em conjunto com as relações no lar. Teve um colapso nervoso, do qual jamais se recobrou, aos 13 anos de idade, ainda que tenha retornado e prosseguido em suas atividades. Quando o paciente atingiu 17 anos, uma dolorosa doença crônica ceifou a vida de sua mãe; outra doença eliminou o pai, muitos anos depois. Na mesma época do falecimento de sua mãe, surgiram complicações ainda maiores: precisaram abandonar sua terra natal – para começar tudo de novo na Inglaterra.

5. O paciente contava com 43 anos quando o vi pela primeira vez. Deparei-me com uma pessoa de compleição atlética, cuja profissão era a de professor. Media um pouco mais do que um metro e oitenta de altura. No entanto, sua tez estava amarelada, com semblante apático e desvitalizado. Uma apatia monossilábica, automática e superficial compôs nossa conversa sobre suas dificuldades. Sem o menor entusiasmo aceitou minha proposta de tentarmos uma análise comigo.

6. Será necessário fazer um relato compactado a respeito dos dois primeiros anos de análise. Havia um tema central na análise: contaminação. Sentia necessidade de proteger sua cabeça do contato com o travesseiro colocando-a sobre suas mãos. Não dava as mãos ao cumprimentar alguém. Sentia que contaminava a água em que se banhava e na qual confiava para se sentir limpo, e que esta o contaminava novamente.

7. Manifestou outro temor: estaria bebendo excessivamente. Questionava se seu pênis ficava ereto. Viajava de ônibus, sentindo o tempo todo que era insuportável quando alguém ocupava o banco atrás do dele. Sentia-se igualmente contaminado quando ficava sentado atrás de outra pessoa.

Começou a se perguntar se estaria tendo desejos sexuais por seus alunos; não demorou muito para que a suspeita se tornasse certeza, o que o fez sentir-se imundo.

A fantasia de que alguém lhe aplicava injeções, embora tivesse esterilizado as agulhas, compunha a maior parte das associações.[2]

8. Durante os dois primeiros anos, tive grandes dificuldades para determinar, pelas reações desse paciente, se atribuía alguma validade para minhas interpretações. Em duas ocasiões, distantes no tempo, uma fonte extra-analítica, falou-me que o paciente reportara grande melhora, que não consegui ver em nenhum grau. Não fui capaz de observar aquilo que agora acredito ser verdade: no final desse período, havia manifestações de mudança. Até essa época, o paciente drenava seu discurso de qualquer emoção, dado em tom sempre uniforme. De modo correspondente, ficava difícil interpretar o que o paciente afirmava, pela natureza ambígua do discurso. Era possível atribuir-lhes significados diversos: tinham um conteúdo emocional em um momento; e em outro momento, o conteúdo emocional da mesma afirmação era outro.

9. Havia uma pletora de material edipiano, produzido de modo excessivamente superficial – e devidamente interpretado por mim. O resultado era uma resposta seca e superficial. Ou nenhuma resposta.

---

2 Bion atendeu a esse paciente entre 1945 e 1950. Nessa época, não havia agulhas nem seringas de material descartável após um único uso. Os profissionais esterilizavam seu próprio material, usando-o muitas vezes [N.T.].

Passaram-se mais três meses nos quais fui me conscientizando de que se desenvolvia mudança na análise. Inicialmente, parecia-me que as interpretações encontravam apenas a teimosa indiferença habitual: minha situação assemelhava-se àquela de pais que fazem exortações e alertas impotentes para uma criança refratária. No devido tempo, assinalei-lhe isso. Ocorreu uma mudança – que não me é fácil formular. Persistia a monotonia associativa desvitalizada. Mas, agora, com uma qualidade, que posso descrever como o ritmo das associações. Parecia haver duas escansões diversas do mesmo material, separadas mas coexistentes. Uma transmitia um sentido de tédio e depressão; a outra, dependente do fato de serem inseridas no fluxo associativo pausas regulares, tinha efeito quase jocoso: como se o paciente estivesse dizendo: "Vamos lá, agora é sua vez".

10. Examinando mais profundamente o material, notei que todas as associações eram obstinadas: um convite para respostas obstinadas. Se eu interrompesse o ritmo, o paciente sinalizava estar ansioso, ou irritado. Se eu continuasse a fornecer interpretações – que, tornava-se cada vez mais claro, eram convidadas e esperadas por nós dois –, emergia um sentido de que havíamos chegado a coisa nenhuma. Não me surpreendeu que o paciente tenha me dito, no início da sessão seguinte, seu sentimento: o tratamento não estava levando a lugar nenhum e não lhe fazia o menor bem. De modo muito razoável, perguntou-me: vale a pena continuarmos?

11. Respondi-lhe: não havia nenhuma razão para que não aceitássemos que sua avaliação fosse correta, mesmo que houvesse dificuldades em se fazer estimativas sobre progressos em análise. No entanto, acrescentei haver uma necessidade: precisaríamos saber o que estávamos dizendo quando falávamos sobre tratamento, antes de considerar o que deveria ser feito para obtê-lo. Poderia significar psicanálise; se fosse o caso, teríamos que procurar outro método para nos aproximarmos dos problemas que o paciente apresentava. Um significado mais óbvio seria: psicanálise como aquela praticada por mim. Sendo o caso, o remédio seria substituir o analista, e não uma substituição do método. Havia ainda outra possibilidade: tínhamos razão para supor que, algumas vezes, conseguíamos um alívio nos sintomas por meio de fatores incidentais à análise. Por exemplo, o paciente obtinha um sentimento de segurança por ter alguma pessoa com quem podia se encontrar. Havia esta possibilidade de que o paciente estivesse se referindo, inconscientemente, a algum fator desse tipo.

12. Houve um silêncio. Atingimos agora um ponto no qual preciso introduzir o tópico que vou discutir neste estudo. Utilizo esta oportunidade para apresentar alguns detalhes a respeito dos anos anteriores – necessários para a compreensão daquilo que se segue.

Havia uma série detalhes que não eram importantes naquela época: pertenciam mais à periferia da corrente principal das associações desse paciente. Derivavam dos momentos nos quais o paciente introduzia um novo episódio; ou uma nova anedota que acrescentava a uma determinada memória. Por exemplo: contava uma história que ouvira de um cunhado homossexual. Ou algum tipo de sintoma particularmente doloroso, ocorrido durante uma visita a um amigo. Este paciente tinha um círculo social muito grande; como o tema da análise derivava do conteúdo da história, eu não via a menor razão para dar muita atenção aos vários personagens – sempre mencionados casualmente. Vou agora voltar-me, retrospectivamente, a esse aspecto das associações desse paciente, pois passou a ser central, e não mais periférico.

13. Chamo a atenção do leitor para o seguinte exemplo: o paciente falava algo similar a "Fiquei pensando em falar com o Sr. X, para dizer-lhe sobre isto, e isto, e isto. etc. etc. etc.". Em um certo dia, minha atenção ficou aprisionada por alguma particularidade da fraseologia, ou talvez por algum caráter improvável de uma ênfase. Perguntei-lhe se realmente tinha dito aquilo que havia acabado de falar. "Ah, não", retrucou, "Estava apenas imaginando este tipo de coisa!". Foi apenas nesse momento que emergiu o fato de que, em muitas de nossas conversas introduzidas pela frase "Estava pensando em falar com o Sr. X ou a Sra. Y", isso seria um anúncio de que iriam se iniciar conversas imaginárias; mas de nenhum modo todas essas conversas teriam sido apenas imaginárias. Mencionei então que isso soava como se não houvesse nenhuma discriminação clara entre o que era real e o que era imaginário. Tal característica não tinha a importância que tem agora.

Entre os personagens com os quais o paciente tinha conversas, fossem elas fantasiosas ou correspondentes a fatos, desempenhava um papel considerável um homem que exercia a mesma profissão do paciente. Tinha mais ou menos a mesma idade e os mesmos sintomas; era casado e tinha uma família. Ainda morava no continente,[3] trabalhava o dia inteiro, e com tanto sucesso que ninguém sequer suspeitava de que estaria doente. Esse homem podia viajar livremente – algo que meu paciente não podia fazer. Parecia fazer comparações nas quais sempre ocupava um papel desfavorável em relação a esse homem.

Mencionei anteriormente a existência de um cunhado homossexual: um homem da mesma idade, talvez mais forte, mas definitivamente homossexual, que mantinha uma atração incestuosa com a esposa do paciente – talvez fosse um relacionamento sexual.

---

3 E não na Inglaterra, uma ilha em frente ao continente europeu, usualmente denominado pelos ingleses de "o continente" [N.T.].

Havia também um parceiro de tênis. Mas não havia nenhuma referência ao caráter dessa pessoa – a não ser que era alguém com quem jogava tênis. O paciente fazia comentários sobre o estado psicológico de um certo número de alunos – que lhe indicavam novos alunos. Um deles encaminhara-lhe um aluno com questões psicológicas; ele ficou tentado a saber se ele tinha noção de ter indicado alguém que precisava de cuidados psicológico. (A ambiguidade no uso pronominal não é um erro gramatical: trata-se de um exemplo notável da habilidade desse paciente em carrear muita, muita informação de um modo compactado.)

Havia ainda um colega desagradável, que o paciente conhecera na escola quando criança. Ensinava em lugar próximo. Ocasionalmente, tomava conta dos alunos do paciente, mas era um sujeito tão ganancioso que o paciente se propôs a não mais utilizá-lo para esse fim.

14. Retornemos ao paciente, pois o deixamos em silêncio durante meu sumário das questões que enfrentou antes de poder se decidir se prosseguia o tratamento. Perguntei-lhe sobre o que estava pensando.

Respondeu que estava pensando sobre uma mulher com dores reumáticas. "Está sempre reclamando sobre uma coisa ou outra; pensei que esta mulher é muito neurótica. Pude despachá-la aconselhando-a que comprasse algum barbitúrico."

Disse-lhe então que, provavelmente, tínhamos uma descrição compactada do tratamento que ele estava tendo comigo, um tratamento cuja eficácia ele mesmo colocava em dúvida. Sentia que minhas interpretações eram, vagamente, meras reclamações, às quais prestava pouca atenção; suas associações eram em grande parte ranços, empregadas mais pelo efeito soporífico, como se fossem barbitúricos, do que pelo seu valor informativo; eram destinadas a manter-me empregado sem ficá-lo perturbando. No entanto, acrescentou, também considerava o quanto a situação estava ficando-lhe mais tolerável. Chamei sua atenção às peculiaridades de seu próprio comportamento – de modo notável, o ritmo de "associação-interpretação-associação": uma indicação de que eu era seu gêmeo, e de que eu o apoiava em uma evasão brincalhona de minhas reclamações, suavizando desse modo seu ressentimento. O paciente podia se identificar com qualquer um desses três papéis.

Sua resposta foi notável. Mudou o tom de voz, que ficou depressiva. Disse estar cansado e imundo. Era como se, em um momento, estivesse me defrontando, sem qualquer mudança, com o paciente que havia atendido na primeira entrevista. A mudança foi tão súbita que se tornou desconcertante. Perguntei-me: o que teria ocorrido com o gêmeo e com o genitor que ficava reclamando? Parecia que o paciente os engolira, e agora sofria as consequências disso.

Terminamos assim, essa sessão. Recobrei-me da surpresa, ao me recordar de que era a suposição de que o paciente sentia abrigar uma família venenosa dentro de si era correta; mas, era a primeira vez em que houve uma demonstração dramática sobre o modo pelo qual o paciente introjetava seus objetos.

15. Na sessão seguinte, o paciente relatou um sonho aterrador. Dirigia um automóvel; iria executar uma ultrapassagem. Conseguiu emparelhar com o outro carro, mas não o ultrapassou, ficando cuidadosamente na mesma velocidade. O carro rival diminuiu a velocidade e parou; o paciente fez o mesmo com seu automóvel. Os dois permaneceram estacionados, um ao lado do outro. Nesse momento, a pessoa que dirigia o outro carro, de constituição física parecida com a do paciente, abandonou o volante, saiu pela porta, deu uma volta em torno do automóvel para debruçar-se, com força, sobre a porta do carro do paciente, que agora não podia mais escapar: havia estacionado muito próximo do outro – a

porta contralateral ficara bloqueada. A silhueta fitava-o pela janela de modo ameaçador. Acordou aterrorizado; passou o dia inteiro desse modo.

16. Interpretei que a silhueta ameaçadora era seu analista – eu – e que era eu o gêmeo imaginário sobre o qual o paciente havia falado na última sessão. O gêmeo era imaginário pois o paciente o havia impedido de nascer – não havia de fato nenhum gêmeo. Seu uso de um gêmeo era um modo de aliviar ansiedade e, portanto, era ilegítimo. O gêmeo estava determinando que o paciente não devia ter nascido, ou, em outras palavras, conseguido liberdade ou independência. Ficara, em consequência, encerrado, tanto pelo gêmeo como pelo seu próprio ato de estacionar seu carro tão próximo ao carro do gêmeo. O carro do qual eu não permitira que ele saísse era a análise – algo real. O sonho demostrou o temor desse paciente de que eu tivesse me tornado vivo na sessão anterior, mas apenas para impedir que ele escapasse da análise; usava-me como personificação daquela parte má dele mesmo da qual desejava se dissociar.

17. Seguiu-se então um período no qual as características mais marcantes foram: introjeção e projeção, clivagem e, no mesmo grau, personificação de partes clivadas de sua personalidade. Em certo sentido, nada de novo, mas, ao mesmo tempo, a análise tornou-se mais integrada; e os temores diante de seus próprios mecanismos, menos pronunciados: podíamos vê-los de modo mais claro, e também ficou mais claro seu intuito. Em retrospecto, pude ver o quanto a ansiedade do paciente era produzida pelas interpretações, feitas antes da emergência do gêmeo, derivadas não apenas do conteúdo das associações do paciente, mas do mero fato de que eu estava levando sua atenção para seus próprios processos intrapsíquicos.

18. Um resultado da maior integração da análise foi o de capacitar-me a ver que algumas de suas associações anunciavam o tema sobre o qual se centraria o trabalho, provavelmente durante muitas sessões. Utilizo-me desse fato para confinar a discussão a apenas duas associações – deixando que o leitor assuma que o material no qual me baseei para interpretar foi infinitamente mais abundante, se comparado com aquilo que este relato compactado poderia sugerir.

19. Produziu a primeira associação antes de um fim de semana no qual ficaria com amigos. Até seis meses antes dessa sessão, pensara que jamais teria fins de semana livres nem férias anuais. Então, teve suas primeiras férias em muitos anos. No entanto, agora eram acontecimentos regulares. O paciente disse: "Deixei uma pessoa, um substituto, para cuidar de meus estudantes; ele tem a mesma idade que eu; não é muito experiente; sinto que ele não vai conseguir dar conta desse trabalho. Há uma garota que pode ficar doente, e terá que ser hospitalizada. Seria bem simples fazer isso, mas precisaria ser alguém que sabe como fazer as coisas; nunca vai colocar a criança no hospital se não souber. Tinha uma combinação com um médico que conheço bem, e que me ajudava nos momentos em que estivesse fora, mas houve um mal-entendido e deu tudo errado".

Da elaboração dessa fala, emergiu que a pessoa que havia feito tudo errado era eu – por ter estragado o entendimento entre dois médicos, com minha interpretação a respeito do gêmeo, cuja consequência foi forçá-lo, mais uma vez, a colocar o gêmeo dentro dele. O substituto era uma parte clivada dele mesmo, na qual faltavam qualidades essenciais. Em particular, a capacidade de introduzir a menina para dentro do hospital. Sugeri que havia impotência genital naquela parte dele mesmo, o substituto, que ele havia deixado para cuidar da menina.

20. Depois deste fim de semana, há o relato de que o substituto havia feito a maior confusão, amedrontara a mãe de uma criança.

Meu paciente sentia que todo mundo tinha que ser muito cuidadoso quando falasse com os pais das crianças. O substituto falou sobre a doença da menina de modo muito aberto, deixando a mãe ansiosa. Dessa data em diante, essa mãe não queria mais saber de nenhum substituto, só queria falar com o meu paciente – que sentiu não valer a pena empregar substitutos, pois no final das contas seria ele mesmo que teria que fazer o trabalho. Fiz uma questão e a resposta do paciente foi que concordava com o fato de que, antes mesmo do fim de semana, já estava preocupado com o substituto. Então, o fato de ter empregado um substituto não o aliviara de ansiedade, nem de responsabilidade. Objetou, afirmando que essa mãe fazia muitas exigências, implicando sub-repticiamente estar sexualmente atraída pelo paciente.

Interpretei que era eu um dos pais que reclamava a respeito de ter deixado um substituto inexperiente para tomar conta da criança. Como resultado de ele ter me deixado encarregado de cuidar de seu *self* inexperiente, só fui capaz de dizer-lhe coisas que o deixaram muito perturbado. Sua ansiedade era por ter me procurado como se eu fosse uma pessoa experiente, ou seja, potente, e por isso ficava fazendo exigências – particularmente, exigências sexuais. Ele sentia-se incapaz de cumpri-las.

21. Agitou-se incomodado no divã, ficando tenso. Depois de alguns instantes, replicou: "Ao me aconchegar, senti que se ficasse desse jeito iria ter câimbras; se me esticasse, tocaria no travesseiro, iria contaminá-lo e seria contaminado de volta. Senti como se estivesse no útero".

Disse-lhe então que o útero, naquele momento, representava a limitação que sentia ter imposto sobre ele mesmo, ao ser compelido a aparecer como se fosse o substituto. Na análise, vimos que seu temor era de que suas próprias violência e tendências agressivas tivessem substituído sua sexualidade. O temor diante de sua própria agressividade, intimamente vinculada a fezes, causou-lhe um retrocesso para uma posição em que se sentiu constrangido e confinado, e, portanto, a salvo do ódio – que estaria liberado caso adotasse uma posição mais descontraída. De fato, tudo que ocorrera foi que ele ficara mais indignado do que nunca por estar em um relacionamento que lhe impunha tais limitações. Podemos considerar que a associação indicou que o paciente retrocedera para dentro do útero, temendo que fosse nascer. No entanto, era necessário considerar o que isso significava, nos termos do presente; sugeri que o significado era que ele não poderia confiar no uso que poderia fazer de suas capacidades, caso se permitisse desenvolvê-las, reunindo os muitos fragmentos de sua própria personalidade. Em especial, permitindo que seu ódio retornasse, como uma parte dele mesmo, em seu relacionamento comigo. Além disso, sentia-se inseguro quanto à minha resposta: temia relacionar-se comigo, já que nós dois havíamos experimentado que tal situação se ligaria a um ódio mútuo.

22. Termina a sessão. À noite, horas depois, teve um sonho com o qual inicia a próxima sessão – que relatarei apenas parcialmente: um homem apresentara-lhe uma conta e logo saiu. Uma conta enorme; o paciente começou a discutir sobre a quantia, mas a pessoa rapidamente desapareceu, desconsiderando a batida no ombro, ou seja, a tentativa de meu paciente de prender-lhe a atenção. Enraivecido de um modo que jamais tinha sentido, acordou, mergulhado em terror. Recordei-o do que havia ocorrido na sessão anterior, do seu medo do que poderia acontecer caso deixasse de ficar contraído no divã – o ódio clivado em relação à minha pessoa, e em relação às várias exigências, inclusive financeiras, que ele sentia serem impostas sobre ele, por minha pessoa e pela análise.

Passou a falar de um psiquiatra que encontrara naquele dia. Alguém que compunha uma junta médica, que o atendera para rever a categoria diagnóstica em psiquiatria sob a qual o haviam qualificado. No entanto, o psiquiatra não reconheceu meu paciente – que questionou esse profissional a respeito da quantidade de sessões. Extraiu dele a informação de que cinquenta sessões seriam suficientes. Meu paciente formou uma opinião muito desfavorável a respeito deste psiquiatra, ao concluir que esta pessoa jamais faria alguma coisa pelos seus problemas caso tentasse curá-lo em apenas cinquenta sessões. Durante esse questionamento abertamente amigável, sentiu intenso ódio do psiquiatra. Acrescentou que ainda se sentia ansioso. Nesse momento, disse-lhe que estava fazendo uma comparação entre minha pessoa e esse psiquiatra, de modo favorável a mim, mas que o incidente foi produzido como alerta do interrogatório ao qual ficaria sujeito, caso nossos papéis fossem invertidos.

23. Nosso relacionamento ficou mais realístico no todo; o paciente demonstrava todos os sinais de cooperação na investigação de seus problemas. Foi possível, como nunca havia sido antes, questioná-lo sobre detalhes, e pedir-lhe que expandisse suas associações em tudo que me parecesse necessário, para obter melhor alcance sobre o material que apresentava.

Iniciou uma série de associações nas quais emergiu o fato de que estava encaminhando muitos alunos para consultas com especialistas.

Descreverei a próxima associação – a segunda deste tipo: "Uma aluna pegou uma afecção ocular; um oculista diagnosticou infecção. Mas o pai desta menina quis outra opinião, impedindo qualquer ação. Tive que encaminhá-la a outro oculista. Estou atolado com trabalho desagradável, esta menina só dá incômodo. Tive que fazer uma série completa de entrevistas. O segundo oculista falou quase a mesma coisa que o primeiro; a única diferença foi que achou que valia a pena fazer alguma coisa. O primeiro não, disse que não precisava se incomodar, por isso o pai da aluna achou-o um tanto descuidado. Seja lá como for, sobrou tudo para mim, agora sou eu quem vai ter que tomar as providências: a menina precisa tirar uma amostra de sangue para saber se contraiu sífilis, mas eles já tinham que ter feito esse exame".

24. Essa associação pode ser considerada como o início de uma investigação, ao iluminar dois problemas: primeiro, qual é o material inconsciente que está sendo expresso? Segundo: qual é o modo pelo qual o paciente é capaz de trazer esse material para sua própria consciência?

À medida que a análise evoluía, tornou-se possível demonstrar que tanto a associação como variações subsequentes dela expressavam de modo compacto os seguintes temas:

1. O primeiro oculista seria a minha pessoa, o analista, pois eu realmente havia dito que a menina adoentada era um objeto interno, infectado, dentro do paciente, de objetos maus, para os quais nada podia ser feito. O segundo oculista também seria a minha pessoa, por ter dito que a menina adoecera pelos bacilos, espiroquetas e fezes do paciente – todos variações de um pênis mau. Paciente para quem nada podia ser feito, mas, de qualquer modo, esse segundo oculista iria fazer alguma coisa. O paciente teria que curar a menina com seu pênis, já que eu – o analista – não iria reparar o dano que o paciente causara; e, de qualquer modo, o objeto era de sua propriedade; ele mesmo teria que obter a cura e sem qualquer tipo de ganho prazeroso. Eu também era o cirurgião oculista que o ameaçara com castração. O paciente havia passado algumas horas ansiosas trocando correspondência com os dois oculistas para constatar que nenhuma questão de ciúme ou atrito prejudicava o relacionamento entre os dois, e entre os dois e ele.

Consequentemente, os gêmeos haviam sido colocados em uma cooperação harmoniosa.

2. O primeiro oculista, passivo, representou suas experiências psicoterapêuticas anteriores, que o deixaram, e também seus objetos, mais ou menos em paz. O segundo oculista era a psicanálise, que lhe dera incrementos de *insight*, seduzindo-o à sexualidade genital, e à situação ameaçadora que a acompanhou.

3. O primeiro oculista, passivo, era a mãe; e o segundo, ativo, o pai – com os quais o paciente agora tentava se harmonizar naquilo que ele mesmo se assemelhava aos dois.

25. Considerarei agora o modo pelo qual a análise iluminou o segundo problema: o como o paciente trouxe o material para sua própria consciência.

Meu primeiro ponto é que havíamos retornado ao tema da contaminação, por meio da associação. A menina tinha uma infecção, talvez obscura: tuberculosa, ou sifilítica. O próprio paciente notara, espontaneamente, que não havia mencionado a possibilidade de que a menina tivesse diabetes – mesmo que isso fosse uma possibilidade real. Portanto, estávamos outra vez falando, como se fosse um ensaio teatral, a respeito de um tema já bem avaliado em nossas falas durante os primeiros dois anos de análise, que, neste momento, estava sendo reinvestigado, ainda que sob outro modo: o da consulta com dois oculistas, que indicava um método visual de investigação. Além disso, havia uma variação do tema – gemelaridade –, pois eram dois oculistas.

26. O resultado dessa investigação foi um incremento na esperança, e também de novas responsabilidades e obstáculos: entre eles, a possibilidade de exercer uma sexualidade genital; e mais um ensaio na sexualidade oral, até então negligenciada, no exame de sangue do objeto, possivelmente contaminado, e na aplicação de medicação injetável.

Os oculistas – de modo particular, o segundo – também representavam o reforço no arsenal de pesquisa, por meio de algo similar ao intelecto: o paciente supunha que os oculistas conheciam mais do que ele podia conhecer.

Tornou-se claro, durante esse período, que o paciente sentia minha presença e que, realmente, até a considerava necessária. Mas não era para que eu interferisse. Ressentia-se de qualquer interpretação que pudesse conter o menor traço daquilo que ele interpretaria como uma invasão na área dos diagnósticos, ou de tratamentos; no entanto, eu poderia ser eu mesmo, e não apenas um gêmeo moldado sob a forma que ele desejava. Se fosse o caso de observar as manifestações desse paciente nos termos de uma ludoterapia, como se faz com crianças, poderia considerar que os dois oculistas eram partes do corpo do paciente – seus dois olhos estariam sendo harmonizados em uma visão binocular. A menina adoecida era algum objeto recuperado dentro dele, sendo submetida a um exame, feito pelos dois olhos do paciente, e pelo intelecto sob desenvolvimento. Um exame, portanto, exercido por um objeto externalizado.

Os resultados de tal exame não eram muito reconfortantes: não havia completa harmonia entre os dois oculistas. O diagnóstico persistia obscuro. Em outras palavras, o problema não ficava resolvido de modo intelectual. Finalmente, delineava-se a imposição de maiores responsabilidades: uma revisão da sexualidade oral e uma exploração da sexualidade genital. Em relação a isso, dei-me conta do modo diverso pelo qual o paciente passara a denominar o oculista: cirurgião dos olhos. Ao chamar-lhe a atenção para isso, respondeu que o cirurgião não achara que a intervenção cirúrgica era necessária.

Não fiquei surpreso pelo fato de que, na sessão seguinte, o paciente relatou ter enviado outro estudante para ser consultado. Agora, para um cirurgião otorrinolaringologista; e, novamente, a pedido do pai. Expressando sentimentos persecutórios relativos ao otorrinolaringologista durante o relato, demostrou um retrocesso a níveis orais e olfatórios. Interpretei-lhe sobre seu sentimento de impossibilidade de manter um avanço. O paciente sentia-se perseguido não apenas pelas razões já mencionadas, mas também pela própria psicanálise, que lhe trazia muito mais problemas do que uma psicoterapia; pois a psicanálise consiste em um método que envolve o exame de seus problemas com todos os seus órgãos dos sentidos – incluindo a visão e o intelecto. A psicanálise envolve situações para as quais esse paciente não se capacitara: (1) levar a cabo coordenações dolorosas; (2) aceitar todas as clivagens em sua personalidade, externalizadas em personificações; (3) suportar a imposição de responsabilidades; (4) enfrentar a ameaça punitiva de castração. Lembrei-o então de um sonho, no qual havia um pintor que lhe cobrara muito caro, dizendo-lhe que o objeto de seu ódio era a minha pessoa – por dois motivos. Um deles é que era eu quem lhe impunha tais responsabilidades e punições; o outro, que era eu quem lhe forçava a retroceder para níveis que lhe eram insuportáveis. Como o paciente havia dito que o cirurgião otorrinolaringologista concordara que o tratamento havia sido correto, fiz-lhe um assinalamento; parecia-me que, em todos os níveis, ele (o paciente) era alguém responsável, e poderia então restaurar os objetos danificados.

27. Disse-lhe ainda que precisávamos considerar que restava um componente inalterado, seja lá o que ocorresse: sua consciência, e isso parecia ser uma cobrança tão forte que ele ficava sendo levado para cá e para lá, sempre por demandas aterrorizantes.

As oscilações desse paciente ajudavam-no a testar seus próprios métodos para efetuar um teste de realidade,[4] quando comparava descobertas feitas na fase oral e na fase visual. Explorava minuciosamente, em nível oral, um objeto danificado, antes de submetê-lo ao exame pelo "homem que entendia de olhos". No entanto, a mudança para oculistas estimulou-lhe enorme ansiedade e tensão: em vez de simplesmente resolver o problema do objeto danificado, revelou-se a presença da situação edipiana, para ele intolerável. Subsequentes avanços e regressões mostraram-se em sucessões cuja serventia foi o fortalecimento de seu ego; podia agora lidar com a situação edipiana ao tornar-se emocionalmente poderoso, de modo jamais havido antes da emergência de um gêmeo imaginário. Enfatizei que durante a primeira fase a análise parecera não ter qualquer efeito no material edípico. No entanto, nesse momento, parecia que a análise acompanhava a maior confiança nos métodos que esse paciente tinha para fazer um teste de realidade, e em seu ego.

28. Tendo completado meu relato do material clínico sobre a análise desse paciente, refiro-me agora às associações de outros dois pacientes. Para que o material não fique confuso, proponho denominar o paciente de "A", o paciente sobre o qual falei até agora. Os dois outros, de "B" e "C".

O primeiro ponto é a maestria e confiança do paciente "A" no uso de mecanismos de introjeção, projeção, clivagem e personificação dos vários fragmentos clivados. Suas reações contrastaram, no período descrito, com as do paciente "B": um gêmeo real, com personalidade ainda mais perturbada, apelando para fantasias de que

---

[4] "Teste de realidade": termo cunhado por Freud em *Formulações sobre os dois princípios do funcionamento mental*, de 1911, para designar funções de ego atuantes para permitir a introdução do "princípio de realidade", em acréscimo e substituição ao "princípio do prazer-desprazer" [N.T.].

tinha um gêmeo idêntico. Pareciam servir às mesmas funções do gêmeo imaginário de "A". "B" parecia sempre lutar com a intratabilidade de seu material. Descrevia objetos introjetados como cubos de aço polido; durante as sessões, reclamava de dores: bucais, estomacais e anais. Seu gêmeo real parecia igualmente intratável; "B" tentava obter alívio, na análise, por associações tênues e difíceis de parear com material para fantasias: como um alimento em tubos capilares que não consegue nutrir uma pessoa. Como disse anteriormente, o sucesso com o qual o paciente "A" personificava suas clivagens permitiu a imaginação de uma sessão de ludoterapia. "B" sentia-se mal equipado para explorar tensões intrapsíquicas, na mesma medida em que se sentia mal equipado para contatar a realidade. Não pude deixar de sentir que "A", particularmente nas sessões sobre os médicos, parecia ser capaz de tolerar minha presença, como uma pessoa individual. Demonstrava, pelas personificações, a tentativa de fazer um ponte sobre o abismo que o separava da realidade. Ao fazê-lo, surgiu um fator contribuinte para esperança no desfecho de sua análise. No seu próprio teste de realidade, o paciente também testava seus métodos para tal teste, aparentemente com crescente confiança nos resultados obtidos.

29. No que tange ao teste de realidade. "A" diferiu de "C", cuja associação a seguir reproduzida indica que não tinha a menor confiança, seja na realidade, seja em sua capacitação para testá-la. "C" foi hospitalizado; após a alta, retornou à análise. Referiu que, durante sua internação, discutiu-se sobre uma aplicação de raios X de grande amplitude e profundidade. A equipe rejeitou tal tratamento, pelos riscos de destruição do sistema genital. Seguindo o relato, o paciente diz que seu leito ficara próximo ao de outro paciente – no qual se fazia transfusão de sangue, doado por um primo. Os primos tinham mães gêmeas, acrescentou, e logo depois, pensativamente, diz que sua irmã dera luz a gêmeos. Seu médico, continuou ele, tinha o mesmo nome do médico que o tratou algum tempo antes, quando esteve no exterior e havia sofrido de indigestão. Fez uma parada na fala, e retomou para dizer que tinha um olho mais fraco do que o outro; quando usava apenas um de seus olhos, via tudo duplo, por um defeito visual que podia ser corrigido com óculos, mas ele odiava usar óculos por deixarem-no vesgo, ainda que corrigissem sua visão. Fiz neste momento uma interpretação: os dois primos eram a dupla parental em ato sexual, e ele desejava destruir esse ato por meio de seu olhar de raios X, penetrantemente sádico. E que seu sentimento era de uma ameaça à sua própria genitalidade, pelo seu exame destruidor sobre seus pais. A resposta do paciente foi a seguinte: "eu sou uma pessoa inconfiável", ao fazer um trocadilho excessivamente abrangente. De modo repentino, começou a reclamar de indigestão, expressando temor de precisar voltar ao hospital. Ocupou o resto da sessão imerso em temores sobre alimentação. Esse paciente frequentemente reclamava que lhe era igualmente perturbador quando concluía que suas observações estavam corretas, e então a realidade era aterrorizante, ou quando concluía que estavam incorretas, e então seu estado mental ficava aterrorizador. O trocadilho indicava que, de modo diverso de "A", sentia não poder confiar em seus instrumentos de investigação: tudo que o olho lhe dizia, os pais que o olho revelava, e o ego que tinha que incorporar o resultado das investigações do olho. De modo idêntico a "A", regredia a um estágio oral.

30. Agora me volto a uma sessão com o paciente "B": "Acho que vi seu último paciente. Cheguei mais cedo e fiquei esperando. Ontem à noite, o gêmeo não me deixou dormir, não parava de dizer ladainhas – do mesmo modo que todos que dizem ladainhas. Queria ir para a cama. Graças à psicanálise posso olhar através da mente da pessoa que ocupa a mesa próxima à minha. Posso até mesmo zombar dele".

Interpretei que o gêmeo era meu último paciente, cujas ladainhas tinham-no feito esperar. Mas ele podia rir daquele outro paciente, já que agora esse outro iria saber o que é sentir-se excluído.

"B" prosseguiu: "Meu laboratorista gosta de microscópio comum. Prefiro o binocular. Não há dúvida, podemos ver muito mais, e melhor, com microscópios binoculares. Imagine só, o laboratorista concordou comigo, mas apenas parcialmente. Fiquei pensando como se pode conseguir um tratamento melhor. E claro que se pode fazer isso quando se tem dinheiro, e também é claro que um tratamento melhor te deixa melhor".

Disse-lhe então que em psicanálise era possível ter uma visão binocular; resultava disso maior conhecimento; incrementos no conhecimento eram sentidos como trazendo cura.

Continuou: "A vida é muito complicada. Você simplesmente vai indo em frente, tornando as coisas difíceis para mim".

Retruquei: "Você sente, neste momento, que a visão que dois olhos te dão – sendo análise um destes olhos – mostra-se melhor do que a pobre visão monocular; faz com que você se dê conta de que a vida é algo muito complicado, e difícil. Fez você ver o outro paciente que veio me procurar."

O paciente continua: "Hoje não consegui almoçar. Parecia ser um belo almoço, mas me deixou enjoado".

Disse-lhe: "Seus olhos o fazem pensar sobre o momento no qual viu o outro paciente por aqui, e que análise era algo muito bom. Agora, você acha que análise te envenena, e que você não pode mais ter análise. Há um sentimento de que a ladainha do outro paciente – como você a chama – é algo que ele deixou para te envenenar".

O paciente prossegue: "Não é dúvida: é muito difícil usar um microscópio binocular logo na primeira vez. A pessoa tem que aprender como se deve usá-lo e só aí vai se dar conta do quanto é melhor do que o monocular".

Repliquei: "Seu sentimento é duplo: se estiver usando sua análise para ver através da mente das outras pessoas com o intuito de zombar delas, também sente que não aprendeu a usar sua análise adequadamente, e então os outros que você olha o atacam de volta".

31. A análise, subsequentemente, mostrou "B" com uma dúvida a respeito da própria capacidade de usar o microscópio binocular, baseada no medo de que poderia fazer um gêmeo minúsculo parecer um pai gigante. Na época em que fez essa associação, "B" não estava preparado para ver a comunhão de um pai com uma mãe, ainda que sua associação mostrasse a possibilidade de que tal cena se revelasse – como se estivesse desenvolvendo seus instrumentos de investigação e também sua capacidade de utilizá-los. Também era o alerta implícito naquela afirmação de que eu fazia as coisas ficarem muito difíceis para ele. A reinvindicação de possuir *insight* psicanalítico indicou qual era o meu papel: o de gêmeo idêntico – seu gêmeo imaginário.

A sessão que descrevi indicou-me que "B" chegara a um ponto no qual se tornou possível que eu fizesse a interpretação de que o gêmeo idêntico era a minha pessoa. Até esse ponto, o material edipiano, ainda que estivesse bem aparente, localizava-se em nível superficial – como ocorrera na fase inicial com "A". A interpretação teve pouco efeito. As afirmações de "B" sobre a necessidade de adquirir habilidade no uso do microscópio binocular indicam dois incrementos: no seu senso de realidade, em relação aos meios para estabelecer contato, e na sua capacidade de explorar tensões intrapsíquicas, considerando que durante toda a parte anterior da análise havia repetidas entradas de minha pessoa em cena, como seu cérebro, que tinha que fazer a exploração do paciente no lugar dele; e isso me conduz ao próximo ponto que desejo discutir. O que ocorreu com "A" para que a emergência do gêmeo imaginário houvesse sido tão importante? E, se era tão importante, por que os fenômenos associados permaneceram periféricos por tanto tempo, e não centrais?

Sugiro uma resposta: o gêmeo imaginário remonta aos relacionamentos mais antigos; é uma expressão da incapacidade de tolerar um objeto que não estava inteiramente sob o controle dessas pessoas. Portanto, a função do gêmeo imaginário foi a de negar uma realidade que não fosse o próprio paciente.

Outra incapacidade coexistia com a negação da realidade externa: a de tolerar realidades psíquicas internas; foi necessário um enorme trabalho antes que houvesse qualquer incremento na tolerância. Ao mesmo tempo, diminuíram temores em relação aos mecanismos psíquicos, tornando-lhe possível permitir a presença desses mecanismos, manifestados pelo movimento, no fluxo associativo, de suas representações para uma posição mais central. Só quando fui capaz de demonstrar o quão ruim eu era em todos os níveis de sua mente, tornou-se possível que o paciente reconhecesse e empregasse – de modo inverso – mecanismos de clivagem e personificação, para estabelecer o contato que esses mesmos mecanismos haviam sido originalmente usados para impedir. Depois da demonstração do gêmeo imaginário, o paciente passou a permitir que eu existisse como uma pessoa real – não como se eu fosse uma coisa criada por ele –, até o ponto no qual, como já mencionei, senti que ele começava a permitir que eu existisse, ainda que de um modo mais ou menos passivo, olhando seu jogo; e, finalmente, como um consultor. Na sessão que descrevi, relativa ao paciente "B", permaneci o tempo todo de um modo igual ao gêmeo idêntico – apesar de que algumas das aparências poderiam dar uma ideia contrária.

32. Deixei por último especulações que colocam duas questões – não pretendo tentar respondê-las. A primeira diz respeito a clivagens personificadas, para as quais chamei a atenção. É possível que a capacidade de personificar clivagens da personalidade seja, de alguma forma, análoga à capacidade de formação de símbolos para a qual a sra. Klein chamou a atenção em "A importância da formação de símbolos no desenvolvimento do ego" (1911)? As clivagens personificadas tiveram um valor semelhante no desenvolvimento de "A", no período que tentei descrever?

Minha segunda especulação concerne ao papel exercido pela visão nas associações desses três pacientes. Em cada um dele, parecia estar vinculada ao desenvolvimento do intelecto – testemunhada pelo médico em "A"; por mim como o cérebro em "B", e em papel muito semelhante em "C", embora não tenha tido tempo de trazê-lo à nossa conversa. Em cada um desses pacientes, a visão vinculava-se ao surgimento da sexualidade genital e da situação edipiana. Além disso, cada paciente, à sua maneira individual, parecia ter problemas semelhantes que se introduziam quase como se estivessem relacionados à própria visão. "A" salientou a enorme quantidade de trabalho que estavam empurrando para cima dele, para que mantivesse harmonia na relação com os dois oculistas; "B" comparou o méritos do microscópio monocular com os do binocular; "C" ressaltou a necessidade de óculos para corrigir sua visão. Cada um deles parecia sentir que estavam sendo impostas novas dificuldades: "A", pelo segundo oculista; "B", por mim, que tornava as coisas ainda mais difíceis para ele; e "C", ao dizer que usar óculos o deixava vesgo.

Em cada um desses casos que mencionei, o poder visual representava o surgimento de uma nova capacidade, a de explorar o *ambiente*: foi possível demonstrar que os pacientes, neste sentido, sentiam que a análise era um acréscimo ao arsenal para investigação, e provavelmente reativava emoções associadas a avanços muito primitivos no desenvolvimento psicológico, que haviam tido um efeito similar, o de incrementar capacidades. Sentiram que uma amplificação no poder visual exigia amplificação no alcance intelectual.

33. Em cada caso, os poderes recém-adquiridos foram usados para resolver um problema já existente, mas descobriu-se também que revelavam outros problemas exigindo solução. "A" parecia preocupado com o problema de um objeto interno danificado – e aplicou seus novos poderes, mas viu-se ameaçado pelo relacionamento entre pai e filho. "B" apresentou o mesmo desenvolvimento expresso em termos da descoberta de um gêmeo não idêntico, que mantinha relacionamento com a mãe. "C" da mesma forma – mas em termos da transfusão de sangue entre dois primos.

Todos os três pacientes pareciam sentir que o problema estivera presente o tempo todo, mas que o fato de os problemas estarem sendo revelados dependia da maior capacidade para estarem conscientes deles.

A regressão, em cada um desses casos, pode ser enunciada no estado de se distanciar (1) do incremento na capacidade produzido pelo desenvolvimento psicológico; (2) dos fenômenos trazidos à consciência por essa capacidade incrementada; (3) do desenvolvimento fisiológico, associado ao desenvolvimento psicológico, que revelou a relação entre os pais externos.

Em cada um desses casos, fiquei com impressão de que o paciente sentia que a visão produzia problemas de assenhorar-se de um novo órgão sensorial. Isso tinha uma contraparte no sentimento de que o desenvolvimento da psique, como o desenvolvimento da capacidade visual, envolvia a emergência da situação edipiana. A mudança de "A" foi extremamente impressionante: a partir de um tratamento negligente e superficial da situação edipiana, chegando a um esforço para alcançar um acordo com um complexo de Édipo emocionalmente carregado.

De minha parte, foi impossível interpretar o material que esses pacientes apresentavam como se fossem manifestações puramente psicológica de desenvolvimento, divorciadas de qualquer desenvolvimento físico concomitante. Surgiu-me a questão: será que o desenvolvimento psicológico vincula-se ao desenvolvimento do controle ocular, do mesmo modo que problemas de desenvolvimento vinculam-se à agressão oral, ato coexistente à erupção dentária? Caso seja assim, seria necessário questionarmo-nos se esses desenvolvimentos psicológicos, inaugurando o complexo edipiano, realmente se aproximam dos quatro primeiro meses de vida das pessoas. É óbvia a relevância dessa situação para que possamos corretamente avaliar a visão da sra. Klein a respeito da precocidade da fase edipiana; caso a experiência de outros observadores possa parecer uma confirmação de minhas impressões, isso proveria razões fortuitas para favorecer a precocidade da fase pré-edipiana.

3. Notas sobre a teoria da esquizofrenia[1]

A. Introdução

34. Discutirei neste estudo a conexão da linguagem do paciente esquizofrênico com a teoria e a prática analítica. No futuro esclarecerei minha dívida e reconhecerei as contribuições de outros psicanalistas para o desenvolvimento de minhas próprias visões. Não posso fazê-lo neste momento, mas é necessário enfatizar o seguinte fato: para que se possa compreender o que vou dizer, mesmo que agora faltem reconhecimentos específicos, ressalto que a obra de Melanie Klein ocupa uma posição central na minha visão da teoria psicanalítica da esquizofrenia. Assumo que o leitor conheça os sentidos dos termos "identificação projetiva", "posição depressiva" e "esquizoparanoide".

Abordo o assunto considerando o pensamento verbal, incorrendo no risco de parecer negligente em relação à natureza das

---

[1] Estudo lido no simpósio "A psicologia da esquizofrenia", no Congresso da Associação Internacional de Psicanálise, Londres, 28 de julho de 1953.

relações objetais nos esquizofrênicos. Portanto, preciso enfatizar já de início o quão notável é a peculiaridade das relações objetais na esquizofrenia. Os pontos que desejo colocar exercem uma função subordinada às relações objetais; nisso reside sua importância.

35. O material deriva da análise de seis pacientes. Dois deles, drogaditos; um mantinha estado ansioso obsessivo, colorido de esquizoidia; os três últimos eram esquizofrênicos sofrendo de alucinações, bem evidenciadas durante análises que perduraram por quatro a seis anos – dois deles tinham características paranoides e o outro, depressão.

Não me afastei dos procedimentos psicanalíticos que, usualmente, emprego com neuróticos, tomando especial cuidado com aspectos transferenciais, tanto positivos como negativos.

B. Natureza da observação sobre a qual as interpretações foram baseadas

As ações e as associações livres dos pacientes fornecem evidências necessárias para interpretações sobre contratransferência, que desempenha um papel importante na análise de esquizofrênicos. No entanto, não me proponho a discuti-la no momento: irei direto à descrição das associações livres do paciente.

C. Linguagem esquizofrênica

36. Esquizofrênicos empregam linguagem de três modos interligados: como modo de agir; como método de comunicação; e como modo de pensar. Quando outros pacientes se dariam conta de que a necessidade seria pensar, um esquizofrênico demonstrará preferência em agir. Em consequência, um esquizofrênico passaria por cima de um piano para obter entendimento sobre o motivo de alguém tocar um piano. Reciprocamente, se um esquizofrênico tiver um problema cuja solução depende de uma ação – por exemplo, o ato de nos transladarmos de um lugar para outro –, lançará mão de um pensamento, um pensamento onipotente, à guisa de meio de transporte.

Irei considerar agora apenas o uso do pensamento como modo de ação, servindo tanto para clivar o objeto como para efetuar identificação projetiva. Poder-se-á notar que estamos tratando de apenas um aspecto das relações objetais do esquizofrênico, nas quais estará clivando seus objetos; ou entrando nos objetos; ou saindo dos objetos.

O primeiro desses usos está a serviço da identificação projetiva: o paciente usa palavras como se fossem coisas; ou cliva partes dele mesmo para introduzi-las de modo forçado para dentro do psicanalista. Entre as consequências típicas desse comportamento, está o sentimento de alguns pacientes: experimentam, no início de cada sessão, que entraram dentro de mim; no final da sessão, sentem-se liberados.

Esquizofrênicos também empregam linguagem como modo de ação para clivar seus objetos. Isso se introduz quando o psicanalista se torna identificado a perseguidores internos, mas também é empregado em outros momentos. Seguem-se dois exemplos desse uso de linguagem: um paciente entra na sala; calorosamente, cumprimenta-me com um aperto de mãos, fita-me de modo penetrante, direto nos meus olhos, e diz: "Acho que as sessões não duram muito tempo, mas me impedem de sair". Minha experiência prévia com esse paciente permite-me saber a respeito de seu desgosto por ter poucas sessões; mas que, ao mesmo tempo, interferem no seu lazer. Pretende forçar-me a dar-lhe duas interpretações ao mesmo tempo: ou seja, clivar-me. Sua associação seguinte demonstra: "Como é que o elevador sabe o que fazer quando pressiono dois botões ao mesmo tempo?".

O segundo exemplo tem amplas implicações: só posso abordá-las parcialmente, no que tange a estarem baseadas em outro fato, de que esse paciente tem insônia. A técnica depende da combinação de dois elementos incompatíveis: o paciente fala de um modo sonolento, calculado para adormecer seu psicanalista. Ao mesmo tempo, estimula a curiosidade do psicanalista. A intenção permanece a mesma: clivar o psicanalista, que não pode adormecer nem pode ficar acordado.

Os leitores poderão, a seguir, ver um terceiro exemplo de clivagem, quando descreverei aquela feita pelo paciente no discurso de seu psicanalista.

Sendo a linguagem um modo de pensar, retornemos às dificuldades do esquizofrênico com sua própria linguagem. Descrevo agora uma sequência de associações ocorridas em uma sessão: assinalo que foram separadas entre si por intervalos que variaram de quatro a seis minutos.

"Tenho um problema, que estou tentando resolver. Quando era criança, nunca tive fantasias."

"Sabia que não eram fatos então dei uma freada neles. Atualmente, não sonho."

Após uma pausa, prosseguiu com uma voz perplexa, "Não sei o que vou fazer agora". Disse-lhe: "Você me disse, um ano atrás, que, nos momentos em que a tarefa é pensar, não conseguia desempenhar direito. E foi agora mesmo que me disse estar trabalhando em um problema – algo no qual estava pensando."

Paciente. "Sim."

Psicanalista. "Então, você prosseguiu no pensamento de que não tinha nenhuma fantasia quando criança; e que não sonha; e depois que não sabe o que fazer. Isso quer dizer que sem fantasias nem sonhos não terá meios para pensar em seu problema." O paciente concorda; começa a falar de modo marcadamente livre e coerente. A referência à inibição de fantasiar indica uma severo distúrbio, impede o desenvolvimento e confirma as observações do estudo de Melanie Klein "Uma contribuição à teoria da inibição intelectual".

37. A severa clivagem do esquizofrênico torna-lhe difícil obter um uso de símbolos e, portanto, de substantivos e verbos. Torna-se necessário demonstrar-lhe tais dificuldades no momento em que surgem; darei um exemplo disso. A capacidade para formar símbolos depende de:

1. apreender um objeto total.
2. abandonar a posição esquizoparanoide. Com isso, abandona-se a clivagem que acompanha essa posição.
3. conseguir reunir os fragmentos clivados e conduzir à posição depressiva.

Não surpreende que a emergência do pensamento verbal esteja intimamente associada à posição depressiva, levando-se em conta o fato de que o pensamento verbal depende de uma capacidade para integração. Como assinalou Melanie Klein, a posição depressiva ocorre em um momento no qual há uma atividade de síntese e integração. O pensamento verbal agudiza um estado de consciência[2]

---

2 *Awareness*, no original. Não há nenhum termo em português equivalente: apelando para uma explicação do sentido desse termo, pode-se vê-lo como

da realidade psíquica e, em consequência, da depressão vinculada à destruição e à perda de objetos bons. De modo similar, há um melhor reconhecimento inconsciente sobre outro aspecto da realidade psíquica: a presença de perseguidores internos. O paciente sente que a associação entre a posição depressiva e o pensamento verbal é aquela entre uma causa e seu efeito – em si mesma, uma crença baseada na capacidade de integração desse mesmo paciente –, acrescentando mais uma às muitas causas de seu ódio contra a análise, já bem evidente. Pois, afinal das contas, análise é um tratamento que emprega o pensamento verbal para a solução de problemas mentais.

Neste estágio da análise, o paciente torna-se aterrorizado diante do psicanalista, ainda que conceda estar sentindo-se melhor. No entanto, é exatamente esse o cerne do problema: esse mesmo paciente demonstra todos os sinais de que o fato de estar ansioso não teria nada a ver com sua capacidade embrionária de fazer pensamentos verbais. Será melhor deixar esse tipo de coisa para o psicanalista; ou, como penso ser mais correto dizer, no sentimento do paciente, seu psicanalista é mais capacitado a dar guarida a esse tipo de coisa, sem desastre. Apesar de todo o trabalho que foi feito, parece que o paciente retorna ao uso da linguagem que descrevi como tipificando a esquizofrenia, antes da análise. O paciente possui, agora, maior capacidade verbal, mas a emprega do mesmo modo que fazia quando ela escasseava.

---

descrevendo um estado do nosso aparato cognitivo no qual há uma "consciência consciente": justamente o processo de acutização no sistema consciente (conforme definido por Freud) ao qual Bion se refere. Também pode ser visto como a expressão de uma passagem do sistema pré-consciente para o sistema consciente, no aparato psíquico [N.T.].

D. Desenvolvimento da capacidade para o pensamento verbal

38. Com o intuito de descrever os motivos para um modo excessivamente cauteloso de usar a capacidade incrementada, será necessário relatar uma experiência à qual o paciente parece ter dado uma importância peculiar. Um dia, falou: "Sou um prisioneiro da psicanálise". Na mesma sessão, acrescentou: "Não posso fugir". Meses depois: "Não consigo sair desse meu estado de mente". Ao longo de três anos, acumulou-se enorme quantidade de material para dar a impressão de que o paciente se sentia incapaz de fugir de uma prisão. Não posso fazer justiça ao material por meio de citações. A prisão, algumas vezes, parecia ser a minha pessoa. Em outras vezes, a psicanálise; e, em outras ainda, seu próprio estado de mente, em que seus objetos internos pareciam estar em constante luta. Portanto, esse paciente demonstra a mesma atitude diante do pensamento verbal que mantém em relação a sua potência e seu equipamento para trabalhar e amar.

Pode-se compreender melhor o problema ao qual me endereço caso seja visto como pertinente ao exato momento no qual o paciente sente ter conseguido a fuga. Essa fuga parece ter contribuído para outro sentimento, relatado ocasionalmente: de que está melhor; mas que isso lhe custa muito caro. Afirmou: "Perdi minhas palavras", e quis dizer com isso, conforme o prosseguimento da análise, que o instrumento com o qual havia efetuado sua fuga havia se perdido no processo. As palavras, a capacidade de pensamento verbal, essencial para um maior progresso, desapareceram. Parece que o paciente pensa ter alcançado esse nível de penalidade por forjar um instrumento de pensamento verbal e usá-lo para escapar de seu estado mental anterior; daí a relutância que descrevi em usar sua maior capacidade verbal, exceto como um modo de ação.

Agora vamos ao exemplo que prometi quando falei sobre a dificuldade causada pela clivagem do esquizofrênico na formação de símbolos e no desenvolvimento de pensamento verbal. O paciente era um esquizofrênico que havia estado cinco anos em análise. Vou descrever a essência de duas sessões. É necessário fazer um alerta: a necessidade de compactar a comunicação compele-me a omitir formulações repetitivas, que, na verdade, mitigariam a escassez das interpretações no relato que se segue. Penso que uma interpretação precisa ser feita em uma linguagem simples, exata e madura.

Paciente. "Arranquei um tequinho de pele de minha face, sentindo-me muito vazio."

Psicanalista. "O tequinho de pele de sua face é seu pênis: você o arrancou; tudo que havia dentro de você foi junto."

Paciente. "Eu não entendo... pênis... apenas sílabas."

Psicanalista. "Você fragmentou minha palavra, 'pênis', em sílabas, e agora a palavra não tem mais o menor sentido."

Paciente. "Não sei o que o senhor quer dizer, mas quero falar que 'Se não puder soletrar[3] não posso pensar.'"

Psicanalista. "As sílabas fragmentaram-se agora em letras; você não pode soletrar – ou seja, não pode juntar as letras outra vez para formar palavras. Portanto, não pode pensar."

---

3 Há um trocadilho na língua inglesa que não parece permitir nenhuma versão em português: *spell* significa tanto "soletrar" como "enfeitiçar" [N.T.].

No dia seguinte, o paciente começa a sessão com associações desconjuntadas, reclamando que não pode pensar. Recordei-o da sessão que acabei de descrever. Recupera então um discurso correto:

> *Paciente.* "Não consigo encontrar nenhum tipo de alimento que me interesse."
>
> *Psicanalista.* "Sente que *comeram tudo*."
>
> *Paciente.* "Não me sinto capaz de comprar nenhuma roupa nova. Minha meias estão todas socadas[4] e uma montoeira de furos."
>
> *Psicanalista.* "Ontem, ao extrair o tequinho de pele, você ficou tão machucado que sequer podia comprar roupas; ficou vazio, sem nada para poder comprá-las."
>
> *Paciente.* "Ainda que estejam cheias de furos, apertam meus pés."
>
> *Psicanalista.* "Você não apenas arrancou seu próprio pênis, mas também o meu. Portanto, hoje, não há nenhum alimento que lhe interesse – apenas um buraco, e um buraco socado com meias esburacadas. No entanto, mesmo esta meia cheia de buracos que se juntaram, todos feitos por você, aperta, ou engole e fere seu pé."

Tanto essa como as sessões seguintes confirmaram que o paciente sentia ter comido seu pênis e, portanto, não havia mais nenhuma comida que lhe interessasse – apenas um buraco. No entanto, esse buraco tornou-se tão persecutório que precisou ser

---

4 Há um trocadilho que não parece ao tradutor permitir versão em português que o mantenha: *sock* como o verbo "socar" e como o substantivo do vestuário "meias" [N.T.].

fragmentado. Como resultado, um buraco fragmentado tornou-se uma montoeira persecutória; os buracos reuniram-se para apertar seu pé.

Por mais ou menos três anos, trabalhamos sobre o hábito do paciente de ficar escarafunchando e arrancando pequenos fragmentos de pele. No início, eram apenas cravos; citarei uma descrição que relembra aquilo que ocorreu com esse paciente, feita por Freud no estudo "O inconsciente" (1915e), sobre três casos – observados por ele e pelos médicos Victor Tausk e Rudolf Reitler, respectivamente.

Freud escreveu que seu paciente "havia se isolado de todos os interesses que tivera na vida, por conta de uma condição de pele nada saudável, na face. Declarou que todos notavam seus muitos cravos e enormes orifícios na pele". Freud nos diz que esse paciente estava elaborando seu complexo de castração em sua própria pele e, toda vez que conseguia se livrar de um cravo, começava a pensar que tinha deixado uma cavidade profunda. "A cavidade é o genital feminino, e aparece em consequência de um ato culposo, representando que a ameaça de castração (ou a fantasia que a representa) se cumpriu, provocada pela masturbação". Freud compara essas formações substitutivas às do histérico: "Um orifício minúsculo, como um poro na pele, dificilmente será usado por um histérico como símbolo da vagina; um histérico irá compará-la com todo objeto imaginável capaz de encerrar um espaço. Além disso, devemos pensar que a multiplicidade dessas pequenas cavidades o impediria de usá-las como substituto da genitália feminina".

Sobre o caso de Tausk, Freud nos diz: "o paciente, ao puxar suas meias, ficou perturbado com a ideia de que deveria separar os pontos da malha, ou seja, os buracos, e cada buraco era para ele um símbolo da abertura genital feminina".

Ao citar o caso de Reitler, diz-nos que o paciente "descobriu a explicação: seu pé simbolizava o pênis; e o ato de vestir as meias correspondia à masturbação".

Voltando ao meu paciente: dez dias depois, vejo que uma lágrima escorre de sua vista; mistura desespero com reprovação ao dizer que "Minhas orelhas estão lacrimejando".

Já havia ficado familiar com esse tipo de associação e, portanto, sabia que estava me defrontando com um problema de interpretação. Mas tive a ajuda do paciente, que a essa altura estava em análise há cerca de seis anos: era capaz de um grau razoável de identificação comigo. Não tentarei descrever os estágios pelos quais as conclusões que apresentei foram alcançadas. As etapas foram lentas e trabalhosas, mesmo que já tivéssemos evidências de seis anos de análise.

Parecia que ele estava se lastimando de um erro crasso, que confirmaria, aparentemente, a suspeita desse paciente a respeito de um sério prejuízo em sua capacidade de comunicação verbal. Parecia que sua frase era apenas mais um exemplo da incapacidade de combinar corretamente os termos verbais.

Depois disso, discutimos se lágrimas seriam coisas muito ruins; o paciente sentia a mesma coisa, fosse o caso de lágrimas jorrando de suas orelhas ou de suor sendo expelido dos orifícios em sua pele, no caso de ele ter removido cravos ou algo similar. O sentimento sobre lágrimas saindo de suas orelhas era similar ao sentimento sobre a urina jorrando de um orifício que havia sobrado em uma pessoa cujo pênis houvesse sido arrancado; a urina que permanecia era ruim.

Em um certo momento, o paciente relatou ter dificuldades de audição. Aproveitei esse assinalamento para lembrá-lo de que, independentemente de qual fosse o caso, necessitávamos saber por que sua mente havia ficado, naquele exato momento, locupletada por tais pensamentos; sugeri-lhe que, provavelmente, estaria sentindo ter uma audição de tal modo defeituosa que afogava minhas palavras por lágrimas jorrando de suas orelhas.

E foi assim, e só nesse momento, depois de seis anos, que emergiu o fato de que esse paciente também não podia falar muito bem. Sugeri-lhe que seu sentimento era de que sua língua havia sido arrancada e que ele havia sido deixado com apenas um ouvido.

Seguiu-se então algo que parecia ser uma série totalmente caótica de palavras e ruídos. Nesse momento, interpretei que esse paciente sentia ter uma língua; no entanto, era tão ruim quanto seu ouvido, ao jorrar um fluxo de linguagem totalmente destruída. De modo breve: parecia que nossa comunicação era impossível – a despeito dos nossos desejos mútuos em fazê-lo. Sugeri-lhe a existência de um objeto interno muito ruim e hostil, que tratava nosso relacionamento verbal do mesmo modo destrutivo como, anteriormente, havia disparado contra o relacionamento sexual ou verbal mantido pelos seus pais.

Pareceu-nos, inicialmente, que o paciente tinha um sentimento de ter profundos defeitos em sua capacidade para comunicação ou para pensar; e houve um jogo excessivo com a pronúncia da palavra lágrima.[5] A ênfase era, principalmente, na incapacidade de combinar objetos, palavras, ou pronúncia de palavras – com uma exceção: a de pronunciá-las com crueldade. Entretanto, em um determinado ponto, o paciente pareceu adquirir consciência de que sua associação estava sendo o ponto inicial para muito debate. Nesse preciso momento, murmura: "Muita gente". Elaborando essa afirmação, pareceu que o paciente abandonara a ideia de que sua

---

5 Em inglês, *tears*; que pode ser pronunciada como "tírs" ou "térs" – dois regionalismos na Inglaterra (*teers* ou *tares*, no original).

capacidade verbal havia sido irrecuperavelmente destruída pelos ataques que lançara contra nossa conversa, indo para a ideia de que sua comunicação verbal era extremamente ávida. Tal avidez estava sendo fornecida por meio de uma autoclivagem, sobre sua própria pessoa: que se transformava em muitas pessoas, estando, potencialmente, em muitos locais diferentes ao mesmo tempo, para ouvir as muitas interpretações diferentes que eu, também clivado em "muita gente", estaria agora capacitado a fornecer simultaneamente, em vez de emitir uma de cada vez. A voracidade desse paciente relacionava-se mutuamente ao seus ataques à comunicação verbal pelos perseguidores internos.

39. Ficou então claro que o paciente sentia que sua capacidade de pensar havia sido destruída por clivagem. Isso ficou ainda mais sério para ele, implicando que agora não tinha mais o sentimento de que a ação estivesse fornecendo uma solução para o problema contra o qual lutava. O paciente equacionou esse estado à "insanidade".

Acreditava ter perdido sua capacidade para pensamento verbal por tê-la abandonado no seu antigo estado de mente; ou dentro do seu psicanalista; ou dentro da psicanálise. Também acreditava que o psicanalista havia roubado sua capacidade de pensamento. A partir de agora, seu psicanalista era uma pessoa aterradora. As duas crenças originaram ansiedades características. Vimos que a crença de ter deixado sua capacidade para trás ajudou-o a sentir-se insano. Pensou que jamais seria capaz de progredir, a não ser que fizesse algo, como se fosse um percurso inverso, rumando para seu antigo estado de mente, voltando-se para trás, para conseguir buscá-la. Mas não ousava fazê-lo, pelo terror desse estado de mente, que poderia, uma vez mais, aprisioná-lo. A crença de que o psicanalista removera sua capacidade de pensamento verbal tornou esse paciente temeroso no emprego de sua recém-descoberta capacidade para pensamento verbal, que poderia fazer brotar o ódio do psicanalista, ocasionando novos e repetidos ataques.

Sob o ponto de vista do paciente, a aquisição de um pensamento verbal tinha sido um evento muito desastroso. O pensamento verbal fica de tal modo entrelaçado com catástrofe e com emoções dolorosas de depressão que o paciente, apelando para identificação projetiva, executa a clivagem dessas emoções, empurrando-as para dentro do psicanalista. Os resultados são, uma vez mais, desastrosos para o paciente, que sente a falta dessa capacidade como idêntica a ser insano. Por outro lado, se o paciente reassume essa capacidade, ficará parecendo – para si mesmo – algo inseparável de depressão e de um estado de consciência, agora dentro de um nível de realidade, de que ficou "insano". Esse fato tende a conferir realidade às fantasias do paciente de que estariam se acumulando riscos de haver resultados catastróficos, no caso de ele reintrojetar sua capacidade para pensamento verbal.

Não se deve supor que o paciente deixará esse problema intocado durante essa fase. O paciente fornecerá ao analista, ocasionalmente, informações concretas e precisas sobre o problema. O problema do psicanalista é o pavor do paciente, agora totalmente manifesto, de uma tentativa de compreensão psicanalítica do significado desses problemas, em parte, pelo fato de que esse paciente agora sabe que, entre as demandas de uma psicanálise, encontra-se o mesmo pensamento verbal que ele teme.

Até o momento, lidei com o problema de comunicação entre um psicanalista e seu paciente esquizofrênico. Considerarei agora a experiência que o paciente tem ao viver um processo que pode ser descrito como o de obter maestria suficiente da linguagem para emergir da "prisão de psicanálise", ou do estado de mente no qual estava confinado, sem esperanças de poder sair. Aparentemente, o paciente não estava cônscio de qualquer coisa que existisse fora da sala de análise. Inexistiam relatos sobre atividades externas. Existe apenas uma existência longe do psicanalista, sobre a qual nada mais é conhecido, com exceção de que esse paciente está "melhor", ou que "tudo está indo bem", e de que há um relacionamento seu com o psicanalista, o qual o paciente diz que é ruim. Admite que haja intervalos entre as sessões, mas teme esses intervalos. Reclama estar insano, o que é uma expressão de seu terror em alucinar e delirar: fica extremamente cauteloso de seu próprio comportamento, pelo risco de ficar insano.

O vivenciar dessas emoções pertence à fase que conduziu a uma valorização maior do objeto externo, às expensas do objeto interno alucinado. Essa fase dependeu da análise das alucinações desse paciente, e de sua insistência em atribuir um papel subordinado a objetos reais. Caso isso seja feito, o psicanalista se defronta com relações objetais mais normais, e com o ego – todos em processo de desenvolvimento. Assumo que houve uma elaboração adequada dos processos de clivagem e da ansiedade persecutória, e também da reintegração. Herbert Rosenfeld[6] descreveu alguns perigos dessa fase. Minhas experiências confirmam as descobertas de Rosenfeld. Observei o progresso, partindo de clivagens múltiplas para quatro, e de quatro para duas, e a enorme ansiedade que acompanha o prosseguimento de integração, com a tendência de reverter para desintegração violenta. Isso ocorre por intolerância à posição depressiva, aos perseguidores internos e ao pensamento verbal. Caso tenha havido uma elaboração adequada da tendência simultânea de clivar o objeto e também o ego, essas duas tendências serão contidas. Cada sessão é, portanto, um passo no desenvolvimento do ego.

---

6 Herbert Rosenfeld foi um dos analisandos de Melanie Klein que mais contribuiu para a aplicação do método psicanalítico no tratamento de pessoas rotuladas como psicóticas [N.T.].

E. Realização da insanidade

40. Uma das penalidades desta tentativa de clarificar a complexidade dos fenômenos apresentados pela relação do paciente esquizofrênico com seus próprios objetos é que, no caso de a tentativa ser bem-sucedida, será delirantemente enganosa. Tentarei agora reparar o equilíbrio, abordando o problema já descrito a partir de outro ângulo. Gostaria de retomar a história focalizando o momento no qual o paciente integra os fragmentos até então clivados, escapando desse estado psíquico, conduzindo para a posição depressiva. De modo específico, desejo chamar a atenção para essa concatenação de eventos, nos momentos em que estejam permeados por iluminações obtida por meio de um desenvolvimento que capacite a pessoa para verbalizar seu pensamento. Deixei claro de que se trata de um ponto de viragem muito importante em qualquer análise; o leitor pode ter tido a impressão de que a análise adentra em um mar sereno. É necessário que não haja nenhuma ilusão: não é o caso.

Caso o psicanalista possa ser razoavelmente bem-sucedido, o paciente adquire uma realização[7] do que é realidade psíquica; realiza ter alucinações e delírios; pode sentir-se incapaz de se alimentar, e ter dificuldades para conciliar o sono. Direcionará poderoso ódio contra o psicanalista; afirmará estar doido, expressando ódio de modo intensamente convicto, de que seu analista o levou à doidice. Espera-se que o psicanalista se preocupe com o bem-estar do paciente, que sua família interfira no tratamento; o analista precisa se preparar para fornecer explicações à família em relação à situação alarmante na qual o paciente se encontra. O analista irá se esforçar

---

[7] *Realization*, no original. Atualmente, a língua portuguesa aceita esse anglicismo. Tem o sentido de que a pessoa torna real para si mesma uma determinada experiência [N.T.].

para conseguir manter longe cirurgiões cerebrais ou especialistas em eletrochoque e, ao mesmo tempo, se concentrar na tarefa de não permitir que o paciente retroceda da realização a respeito de sua própria insanidade, ou do ódio em relação ao psicanalista que foi bem-sucedido, depois de muitos anos, em trazê-lo à realização emocional do fato que havia dispendido toda sua vida na tentativa de evadir. Isso pode se tornar ainda mais difícil na medida em que o primeiro pânico começa a ceder, e o paciente começa a sentir-se melhor. É necessário dar-se o devido peso para isso, e, no entanto, é necessário cuidado, pois toda a situação pode ser usada para postergar uma investigação detalhada de suas ramificações na situação psicanalítica, ou seja, das modificações das relações objetais trazidas pela realização da insanidade.

F. Resultados

41. Não me encontro preparado para oferecer opiniões a respeito das expectativas do tratamento, a não ser expressar que dois entre os três esquizofrênicos sobre os quais estou relatando encontram-se, no momento, ganhando sua subsistências às custas de si mesmos. Acredito que, se houver continuidade no caminho que indiquei ao longo deste texto, será razoável prevermos que esquizofrênicos podem obter formas peculiares de ajuste à realidade que não mereceria o título de "cura", pois não é do mesmo tipo de cura obtida por pacientes com menor perturbação. Reitero que qualquer tipo de cura no aspecto que tentei descrever, por mais limitada que seja, não pode ser obtida se o analista tenta reassegurar o paciente. Caso o faça, desfará todo o bom trabalho que conduziu o paciente a dar-se conta da severidade de sua condição. Nesse momento, há uma oportunidade que não pode ser perdida – a de criar uma investigação com o paciente do que vem a ser análise, ou qualquer outro tipo de trabalho, quando se está insano.

As experiências descritas obrigam-me a concluir que, nos momentos iniciais da posição depressiva infantil, intensificam-se e aprofundam-se elementos de pensamento verbal. Consequentemente, nessa intensificação e aprofundamento, exacerbam-se as dores da realidade psíquica. O paciente que regride à posição esquizoparanoide irá – e ele assim o faz – tomar esta sua capacidade embrionária para o *pensamento* verbal como mais um dos elementos destrutivos que o conduziram a essa mesma dor.

4. Desenvolvimento de um pensar esquizofrênico[1]

42. O presente estudo é uma nota preliminar; faço-a por meio de três considerações interligadas:

(i) discuto o ponto no qual a personalidade psicótica diverge da personalidade não-psicótica;

(ii) examino a natureza da divergência; e

(iii) considero as consequências dessa divergência.

A experiência no Congresso em Genebra mostrou-me que a tentativa de fornecer ilustrações clínicas em um estudo muito compactado, como aquele, produz mais obscuridades do que clareza. Por essa experiências, a presente versão restringe-se a uma descrição teórica.

As conclusões foram testadas na minha prática, forjadas no contato analítico com pacientes esquizofrênicos. Devo a três estudos anteriores o fato de ter alcançado algum grau de esclarecimento.

---

1 *International Journal of Psycho-analysis*, 37(4-5), 1956.

Como ocupam uma posição-chave no estudo que se segue, será preciso recordá-los.

Em primeiro lugar, a descrição, por Freud – que referi no meu estudo para o Congresso em Londres, de 1953 (Capítulo 3 deste volume) –, de que o aparato mental é ativado por demandas do princípio da realidade. E, em particular, daquela parte desse mesmo aparato que cuida de que teremos noção consciente[2] das impressões sensoriais. Em segundo lugar, a sugestão provisória sobre a importância do conflito entre os instintos de vida e de morte feita por Freud, em *O mal-estar na civilização* (1930) – retomada e desenvolvida por Melanie Klein. No entanto, parece-me que Freud recuou desse ponto. Melanie Klein acreditou que o conflito persiste durante toda a vida; acredito em sua importância na compreensão do esquizofrênico. Em terceiro lugar, a descrição de Melanie Klein sobre ataques sádicos fantasiosos do bebê ao seio, durante a fase esquizoparanoide; e sua descoberta de identificação projetiva. A identificação projetiva é uma clivagem – pelo paciente – de uma parte de sua personalidade e uma projeção e instalação da parte clivada no objeto; às vezes sob a forma de um perseguidor, deixando empobrecida, de modo correspondente, a psique da qual foi clivada.

Os distúrbios no esquizofrênico originam-se de uma interação entre (i) o ambiente, e (ii) a personalidade. Vou ignorar, neste estudo, o ambiente, focalizando minha atenção em quatro características essenciais da personalidade esquizofrênica. Em primeiro lugar, a preponderância de impulsos destrutivos que, de tão grandes, impregnam até mesmo os impulsos amorosos, transformando-os

---

2 *"Conscious awareness"* no original. Refere-se ao sistema consciente, e a um estado interior de dar-se conta de algo – que pode ser uma pessoa, uma coisa ou um evento. Uma versão literal poderia ser "consciência consciente"; preferimos a forma "estar cônscio de" (ver nota de rodapé na página 41) [N.T.].

em sadismo. Em segundo lugar, ocorre um ódio à realidade; como assinalou Freud, é um ódio que se estende a todos os aspectos da psique que fazem com que o paciente torne-se cônscio da realidade. Acrescento que há ódio da realidade interna, e de tudo que faz com que o paciente torne-se cônscio dessa realidade interna. Em terceiro lugar, derivado dos dois anteriores, ocorre um terror a respeito de uma aniquilação iminente. Em quarto lugar, ocorre uma formação precipitada e prematura de relações objetais – e, acima de tudo, da transferência, cuja tenuidade se contrasta com a tenacidade com a qual é mantida. A prematuridade, a tenuidade e a tenacidade são patognomônicas e, de modo idêntico, derivam do terror de aniquilação originado pelos instintos de morte. O esquizofrênico preocupa-se com o conflito – nunca resolvido – entre destrutividade, de um lado, e sadismo, de outro.

Transferência

A relação com o psicanalista é prematura, precipitada, e intensamente dependente. Quando o paciente amplia a relação, dois fluxos tornam-se manifestos, no âmbito dos fenômenos, sob pressões dos instintos de vida e de morte: em primeiro lugar, há uma hiperatividade da identificação projetiva, tendo como objeto o psicanalista. Resulta em estados confusionais dolorosos, conforme descritos por Rosenfeld. Em segundo lugar, tanto as atividades mentais como outras atividades nas quais o impulso dominante – instintos de vida ou de morte – luta por se expressar ficam imediatamente mutiladas, pelo impulso temporariamente subordinado. Movido pela vontade de escapar de estados confusionais, acossado pelas mutilações, o paciente se empenha em restaurar a relação restrita; a transferência é novamente investida de uma falta de traços característicos. A relação muito restrita fica inconfundível, por exemplo, nos momentos em que o paciente se encaminha para o consultório: ele pode passar direto por mim, como se estivesse muito pouco ciente de minha presença. Pode exibir uma bonomia efusiva; ou pode estar melancólico. Durante toda a análise, alternam-se restrição e expansão.

A *divergência*

43. Em resumo: ignorando efeitos do ambiente externo, a personalidade esquizofrênica depende da existência de quatro características: (i) há um conflito nunca resolvido entre os instintos de vida e de morte; (ii) há uma preponderância de impulsos destrutivos; (iii) existe um ódio à realidade externa e interna; (iv) a relação objetal é tênue, e tenaz. Essa dotação peculiar torna certo de que os movimentos do paciente esquizofrênico entre as posições esquizoparanoide e depressiva são marcadamente diferentes dos movimentos na personalidade não-psicótica. A diferença se articula no fato de que as quatro características se combinam para conduzir um apelo maciço para identificações projetivas. Volto-me então para a identificação projetiva; *no entanto, meu exame fica restrito ao fato de que o paciente esquizofrênico lança identificações projetivas contra o aparato de consciência acionado pelas exigências do princípio da realidade, conforme descrito por Freud.*

Divergência da personalidade psicótica com a personalidade não-psicótica

44. Falei sobre o quadro estabelecido por Melanie Klein a respeito da posição esquizoparanoide, na qual um papel importante é desempenhado pelas fantasias dos bebês sobre ataques sádicos ao seio – idênticos aos ataques dirigidos contra o aparato de percepção, que é parte da personalidade, desde o início da vida. Ocorre clivagem nesse aparato, em pequenos fragmentos; em seguida, fazendo uso de identificação projetiva, o aparato de percepção é expelido da personalidade. Assim, o paciente atinge um estado no qual não se sente vivo nem morto, pois livrou-se do aparato que lhe daria noção consciente da realidade – interna e externa.

Um aparato que nos dá noções conscientes está intimamente conectado com o pensamento verbal, e com tudo aquilo que nos provê desses fundamentos incipientes que criam o pensamento verbal, durante os estádios primitivos da vida. A identificação projetiva da percepção consciente e o surgimento associado do pensamento verbal é o fator central na diferenciação entre a personalidade psicótica e a personalidade não-psicótica. Acredito que isso ocorra no início da vida do paciente. Ataques sádicos desse tipo contra o ego, e contra os fundamentos do pensamento verbal incipiente, aliados à identificação projetiva dos fragmentos, fazem com que a partir desse ponto ocorra uma divergência sempre em ampliação entre as partes psicótica e não-psicótica da personalidade, até um momento em que o paciente sinta que a fissura é intransponível.

O destino dos fragmentos expelidos

45. Na medida em que a destruição é bem-sucedida, o paciente experimenta uma falha em sua capacidade de percepção. Todas as suas impressões sensoriais parecem ter sofrido um tipo de mutilação idêntico ao que sofreriam no caso de terem sido atacadas do mesmo modo pelo qual o bebê sente que o seio foi atacado pelas suas fantasias sádicas. O paciente experimenta a falência de sua capacidade de percepção, sentindo-se aprisionado no estado mental

que acabara de conseguir; sentindo falta do aparato mental que poderia deixá-lo cônscio da realidade – a chave para a fuga –, torna-se incapaz de escapar para a própria liberdade na qual escaparia. A presença ameaçadora dos fragmentos expelidos intensifica a sensação de aprisionamento; os fragmentos movimentam-se de modo planetário; o paciente fica contido nesse movimento. Vou discutir o o destino desses fragmentos expelidos com o intuito de esclarecer a natureza de tal prisão.

As partículas expelidas do ego levam uma existência independente e descontrolada na *phantasia* do paciente. Ficam fora da personalidade, mas tanto contêm como são contidas por objetos externos, onde exercem suas funções como se a provação a que foram submetidas servisse apenas para incrementar sua quantidade – e para provocar hostilidade em relação à psique que as ejetou. Em consequência, o paciente sente-se rodeado de objetos bizarros cuja natureza passo a descrever.

As partículas

46. A pessoa sente que cada partícula é constituída por um objeto externo real encapsulado por um pedaço da personalidade que o engolfou. O caráter dessa partícula complexa dependerá, em parte, do caráter do objeto real, que pode ser, por exemplo, um gramofone. Também dependerá, em parte, do caráter da partícula de personalidade que engolfou esse objeto real. Se o fragmento da personalidade está relacionado à visão, todas as vezes que o gramofone for tocado, o paciente vai sentir que esse gramofone tem olhos e o estará vigiando; se o fragmento da personalidade está relacionado à audição, todas as vezes que o gramofone for tocado, o paciente vai sentir que esse gramofone está prestando atenção ao que ele fala. O objeto, enraivecido por ter sido engolfado, torna-se entumecido, por assim dizer, permeia para controlar o fragmento de personalidade que o engolfa: nesse momento, a pessoa sente que a partícula tornou-se uma coisa. Uma vez que tais partículas são usadas pelo paciente como se fossem protótipos de ideias – para tornarem-se, posteriormente, palavras –, o fragmento de personalidade que permeia o objeto contido, mas controlador, conduz o paciente ao sentimento de que palavras são as coisas reais que essas mesmas palavras nomeiam e, dessa forma, originam-se confusões (descritas por Segal), pois o paciente as equaciona, mas não as simboliza.

Consequências para o paciente

47. O paciente agora mover-se-á não em um mundo de sonhos, mas em um mundo de objetos que, normalmente, são mobília de sonhos. Esses objetos, primitivos e, mesmo assim, complexos, compartilham de qualidades que, no não-psicótico, são peculiares à matéria, a objetos anais, aos sentidos, às ideias, ao superego, e às qualidades restantes da personalidade. Um dos resultados é que o paciente se esforça para usar objetos reais como se fossem ideias, ficando perplexo quando esses objetos obedecem às leis da ciência natural, e não às leis de seu funcionamento mental.

A incapacidade de introjeção da personalidade psicótica fica associada à identificação projetiva. Se um paciente deseja aceitar uma interpretação, ou trazer de volta esses objetos que venho descrevendo, o faz revertendo a identificação projetiva, usando o mesmo caminho. Essa situação foi perfeitamente resumida pelo paciente que disse estar usando o intestino como cérebro. Disse-lhe então que havia engolido alguma coisa; obtive como resposta: "O intestino não engole". Tive a sorte de ver o estudo escrito pela dra. Segal, antes desse congresso, descrevendo algumas das vicissitudes do paciente na posição depressiva. Acrescentaria agora que, graças a esse emprego de identificação projetiva, esses pacientes não conseguem sintetizar seus objetos: conseguem apenas aglomerá-los e comprimi-los. Além disso, se esse tipo de paciente sente que algo foi colocado dentro de si, ou caso sinta que introjetou esse algo, sentirá o ingresso como uma agressão e uma retaliação do objeto, por sua violenta intrusão nesse objeto.

Repressão

48. Ficará claro que, naqueles momentos em que a personalidade não-psicótica, ou parte da personalidade, empregaria repressão, a personalidade psicótica empregará identificação projetiva. Portanto, não há repressão, e aquilo que seria inconsciente fica substituído por um mundo mobiliado por aquilo que, na personalidade não-psicótica, seriam sonhos, no qual o paciente se move, como em minha descrição.

Pensamento verbal

49. Descrevi que os primórdios do pensamento verbal conectam-se à posição depressiva; primórdios gravemente perturbados, pois é o pensamento verbal que sintetiza e articula as impressões. Portanto, o pensamento verbal torna-se essencial para adquirir-se uma noção consciente da realidade interna e externa; e é por esse motivo que o pensamento verbal fica sujeito a ataques contínuos, como aqueles que descrevi.

Além disso, um excesso de identificações projetivas na posição esquizoparanoide impediu uma introjeção e assimilação tranquilas de impressões sensoriais. Consequentemente, impediu o estabelecimento da uma base firme formada por objetos bons – dos quais depende a introdução do pensamento verbal.

Uma tentativa de pensar envolve fazer um retorno ao das partículas expelidas; que, portanto retornam à personalidade. Há uma reversão da identificação projetiva, concomitante à aglomeração e compactação, conduzindo a um discuso altamente compactado. A construção desse tipo de discurso ficaria mais adequada no caso de ser uma música, mas não se adéqua para articular palavras, como o discurso utilizado para comunicação não-psicótica.

Além disso, vimos que essas partículas compartilham das qualidades de coisas, e o paciente poderá sentir que está sendo clivado por meio do retorno dessas partículas. Novamente, uma vez que essas partículas incluem fragmentos de noções conscientes de impressões sensoriais, os sentidos tornam-se intoleravelmente agudos e dolorosamente comprimidos. O paciente pode ser visto como alguém sob as garras de alucinações visuais, auditivas e tácteis extremamente dolorosas. Depressão e ansiedade sujeitam-se ao mesmo mecanismo. Vão se intensificando, até que o paciente se sinta compelido a lidar com depressão e ansiedade no modo descrito por Segal.

Conclusão

50. Ao experimentar essas teorias na prática, convenci-me de que não haverá sucesso no tratamento da personalidade psicótica enquanto não houver elaboração dos ataques destrutivos contra seu próprio ego, e também enquanto não houver elaboração para que repressão e introjeção substituam identificação projetiva. Além disso, considero que haja uma personalidade psicótica em pacientes severamente neuróticos – para haver sucesso no tratamento, torna-se necessário que lidemos com ela do mesmo modo.

5. A diferenciação entre personalidade psicótica e não-psicótica[1]

51. O tema deste estudo é que a diferenciação entre personalidade psicótica e personalidade não-psicótica depende de clivagens instantâneas de fragmentos de todos os aspectos da personalidade que mantêm uma noção consciente da realidade interna e externa, e também depende da expulsão desses fragmentos – feita de uma forma tal que esses mesmos fragmentos adentram os objetos ou os envolvem, englobando-os. Descreverei em maior detalhe o processo, discutindo suas consequências – e como elas afetam o tratamento do paciente.

No contato analítico com pacientes esquizofrênicos, cheguei a algumas conclusões, testadas na minha prática. Peço sua atenção a essas conclusões, que levaram a desenvolvimentos analiticamente importantes nos meus pacientes. Desenvolvimentos que não podem ser confundidos com aquilo que psiquiatras conhecem como remissões; tampouco com aquele tipo de melhora em que fica impossível fazer uma relação com interpretações que tenham

---

[1] *International Journal of Psycho-analysis*, 38(3-4), 1957.

sido dadas; nem com qualquer corpo teórico coerente da teoria psicanalítica. Acredito ter visto melhorias merecedoras de investigação psicanalítica.

52. Meu esclarecimento da obscuridade que permeia toda a análise de um psicótico deve-se a três trabalhos cruciais para a compreensão do que se segue; portanto, é necessário lembrá-los. Em primeiro lugar, a descrição do aparato mental por Freud (1911b), acionado pelas demandas do princípio de realidade, ao qual me referi em um estudo apresentado no Congresso de Londres de 1953 (Capítulo 3 deste volume); em particular, aquela parte desse aparato mental que se ocupa da consciência ligada aos órgãos dos sentidos. Em segundo lugar, a descrição de Melanie Klein (5) a respeito dos ataques sádicos fantasiosos que a criança faz contra o seio, na posição esquizoparanoide. Em terceiro lugar, a descoberta de identificação projetiva, por Melanie Klein (7).

Por meio desse mecanismo, o paciente cliva uma parte de sua personalidade, projetando-a para dentro do objeto, onde esta parte se torna instalada, por vezes como um perseguidor, deixando empobrecida a psique de onde esta parte foi clivada.

53. Para que o desenvolvimento de esquizofrenia não seja exclusivamente atribuído a certos mecanismos apartados da personalidade, nos quais desejo focalizar a atenção de vocês, precisarei enumerar neste momento o que me parecem ser as precondições para que esses mecanismos se instalem. Vou ignorar, neste estudo, o ambiente, focalizando minha atenção na personalidade, que precisa exibir quatro características essenciais: a preponderância de impulsos destrutivos, que, de tão grandes, impregnam até mesmo os impulsos amorosos, transformando-os em sadismo; um ódio à realidade – interna e externa – que se estende a todos os aspectos da psique que fazem com que o paciente torne-se cônscio dela; e um terror a respeito de uma aniquilação iminente

(Klein, 7); e, finalmente, uma formação precipitada e prematura de relações objetais – e, acima de tudo, da transferência, cuja tenuidade se contrasta com a tenacidade com a qual é mantida. A prematuridade, a tenuidade e a tenacidade são patognomônicas e, de modo idêntico, têm uma importante derivação no conflito – nunca resolvido no esquizofrênico – entre destrutividade, de um lado, e sadismo, de outro.

54. Essas características originam alguns mecanismos. Vou considerá-los, mas, antes disso, disponibilizo alguns pontos relativos à transferência. O relacionamento com o psicanalista é prematuro, precipitado e intensamente dependente. Quando o paciente for pressionado pelos instintos de vida e de morte, ampliará o contato e, nesse caso, dois fluxos de fenômenos concorrentes entre si tornam-se manifestos.

Em um fluxo, torna-se hiperativa a clivagem da personalidade do paciente, com projeção dos fragmentos para dentro do psicanalista (identificação projetiva). Sua consequência é entrar em estados confusionais, descritos por Rosenfeld (9). No outro fluxo, mutila as atividades mentais, e mutila também outras atividades pelas quais o instinto dominante, seja de vida ou de morte, esforça-se ao máximo para se expressar. A mutilação é imediata, efetuada pelo instinto que tenha sido temporariamente subordinado. Assediado pelas mutilações, e tentando escapar dos estados confusionais, o paciente retorna ao recurso de restringir a relação com o analista. Em toda a análise, persiste a oscilação entre tentativas de ampliar e de restringir o contato.

55. Retorno agora às características elencadas como intrínsecas à personalidade esquizofrênica. Constituem-se como dotações que tornam certo que seu possuidor será uma pessoa que progredirá da posição esquizoparanoide para a depressiva de um modo marcadamente diverso da pessoa que não tenha tal dotação. A diferença se articula com dois fatos: o primeiro é que tal combinação de qualidades conduz a uma fragmentação da personalidade em diminutas partículas – especialmente no que tange ao aparato que daria consciência da realidade, conforme descrito por Freud. Esse aparato começa a operar sob o comando do princípio da realidade. O segundo fato é a existência de projeção excessiva desses fragmentos da personalidade para dentro de objetos externos.

Descrevi alguns aspectos dessas teorias em meu estudo para o Congresso Internacional de Psicanálise, em 1953 (Capítulo 3 deste volume), quando discorri sobre a associação da posição depressiva com o desenvolvimento do pensamento verbal e a importância dessa associação para que a pessoa torne-se consciente da realidade externa e interna. Neste momento, retomo a mesma história,[2] mas em um estágio mais precoce, ou seja, no início da vida do paciente. Lido com fenômenos na posição esquizoparanoide que, de modo último, associam-se com um pensamento verbal incipiente. Como isso ocorre? Espero que esse modo possa emergir no texto que se segue.

56. É necessário considerar mais detalhadamente as teorias de Freud e de Melanie Klein às quais me referi anteriormente. Citando uma formulação em "Neurose e psicose", de 1924, Freud define uma entre as várias características notáveis que nos permitem discriminar a neurose da psicose: "na primeira, o ego, em virtude de sua lealdade à realidade, suprime uma parte do id (os instintos de vida), enquanto nas psicoses o ego, a serviço do id, isola-se da realidade" (4).

Assumo que Freud, ao dizer da lealdade do ego à realidade, nos conta que o desenvolvimento que descreveu tomou lugar quando se introduziu o princípio da realidade: "as novas demandas tornaram

---

2 *Story* no original [N.T.].

necessária uma sucessão de adaptações no aparato mental que só podemos detalhar de modo muito superficial, por conta do conhecimento insuficiente". Nesse momento, Freud cita a importância incrementada dos órgãos sensoriais dirigidos para o mundo externo, e a consciência vinculada a eles; uma função essencial de atenção, que precisa investigar quais seriam os dados que já são familiares no mundo externo, caso apareça alguma necessidade interna; um sistema de notação, cuja tarefa é colocar os resultados dessa atividade periódica do sistema consciente naquilo que Freud descreveu como memória; julgamento, no qual é preciso decidir se uma ideia específica é verdadeira ou falsa; o emprego de descarga motora para alterar a realidade de modo adequado, e não apenas para descarregar o aparato mental de acréscimos de estímulo; e, finalmente, pensamento, que segundo Freud torna possível uma tolerância à frustração – uma companheira inevitável da ação, em virtude de sua qualidade de ser um modo experimental de atuação. O leitor poderá ver que estou estendendo a função e a importância do pensar. Entretanto, aceito a classificação sobre as funções de ego, que Freud coloca sob forma de hipótese, dando concretude a uma parte da personalidade sobre a qual o presente estudo se debruça. É uma hipótese que encontra acordo com a experiência clínica, iluminando eventos que, segundo meu exame, seriam infinitamente mais obscuros sem essas colocações teóricas.

Faço duas modificações na descrição de Freud para que ela se torne mais próxima aos fatos que estamos examinando. Na sua forma original, refere-se à maioria probabilística de pacientes que podemos encontrar na prática analítica, aqueles cujos egos nunca ficam totalmente isolados da realidade. Diria que o contato com a realidade fica mascarado pela prevalência – na mente e no comportamento do paciente – de uma fantasia onipotente, cuja intenção é destruir a realidade, ou destruir um estado de estar cônscio da realidade, para poder obter um estado que não é vivo, nem morto. Pois nunca se perde totalmente contato com a realidade e, portanto, os fenômenos que nos acostumamos a associar com neurose nunca estão ausentes; quando há um progresso suficiente na análise, a presença de neurose em meio ao material psicótico serve para complicá-la. O fato de que o ego sempre retém algum contato com a realidade depende da existência de uma personalidade não--psicótica paralela, mas obscurecida, pela personalidade psicótica.

57. Minha segunda modificação é que uma abolição da realidade é uma ilusão, e não um fato. Surge a partir da mobilização de identificação projetiva contra o aparato mental, conforme enunciado por Freud. A dominância dessa *phantasia* fica tão evidente que, para o paciente, nunca será uma *phantasia*, mas parece-lhe ser um fato. Esse paciente age como se o seu aparato perceptual pudesse estar clivado em minúsculos fragmentos, que pudessem estar projetados para dentro de seus objetos.

Como resultado dessas modificações, chegamos à conclusão de que pacientes que estejam suficientemente doentes para serem certificados como psicóticos contêm em sua psique uma parte da personalidade presa aos vários mecanismos neuróticos – com os quais a psicanálise nos familiarizou – e uma parte psicótica da personalidade, que ficou de tal modo prevalente a ponto de obscurecer a parte não psicótica da personalidade, já existente em justaposição negativa.

Um concomitante ao ódio à realidade enfatizado por Freud é composto pela *phantasia* infantil do psicótico a respeito de ataques sádicos sobre o seio, descritos por Melanie Klein como uma parte da posição esquizoparanoide (7). Desejo assinalar que, durante essa fase, o psicótico cliva seus objetos; simultaneamente, cliva em fragmentos excepcionalmente diminutos toda a parte de sua personalidade que poderia torná-lo cônscio de uma realidade odiada; é isso que contribui materialmente para os sentimentos do psicótico de que não poderá restaurar seus objetos nem seu ego. Como resultado desses ataques clivantes, todas as características da personalidade que algum dia poderiam prover-lhe fundamentos para uma compreensão intuitiva a respeito de si mesmo, e de outras pessoas, ficam comprometidas – no exato momento no qual emergem. Todas as funções descritas por Freud como pertencendo, em etapas posteriores, a uma resposta de desenvolvimento diante do princípio da realidade – ou seja, estado de consciência de impressões sensoriais, atenção, memória, julgamento, o pensamento – recebem, ainda na forma incipiente que esses componentes podem ter no início da vida, ataques sádicos, estilhaçadores e eviscerantes, levando a um incremento na fragmentação, produzindo fragmentos minúsculos dessas mesmas funções – e então são expulsas da personalidade para penetrar ou encistar os objetos. Na fantasia do paciente, as partículas expelidas do ego levam uma existência independente e descontrolada, contendo ou sendo contidas por objetos externos; continuam a exercer suas funções, como se a provação à qual foram submetidas tivesse servido apenas para aumentar sua quantidade e provocar sua hostilidade contra a psique que as ejetou. Em consequência, o paciente sente-se rodeado por objetos bizarros, cuja natureza descreverei a seguir.

58. Cada partícula é sentida como consistindo de um objeto real, encapsulado em uma parcela da personalidade que o engolfou. A natureza dessa partícula completa dependerá parcialmente do caráter do objeto real, digamos, um gramofone; e parcialmente do caráter da partícula da personalidade que engolfou esse objeto real. Se a porção da personalidade se refere à visão, o gramofone, ao ser acionado, será sentido como algo que observa ou vigia o paciente. Se a porção da personalidade se refere à audição, o gramofone, ao ser acionado, será sentido como algo que ouve o paciente. O objeto, podemos dizer, enraivecido por ter sido engolfado, avoluma-se e extravasa, como se fosse um derrame, para controlar a porção da personalidade que o engolfou; a tal ponto que a partícula da personalidade torna-se uma coisa. No entanto, essas são justamente as partículas de que o paciente depende, pois utiliza-as como protótipos de ideias – e depois para formar a matriz a partir da qual se originariam palavras. O extravasamento da porção de personalidade pelo objeto contido, mas controlador, leva o paciente a sentir que palavras que até então nomeavam coisas passam a ser as próprias coisas que haviam sido antes apenas nomeadas. Tudo isso acresce-se às confusões que surgem quando o paciente equaliza, mas não simboliza, do modo descrito por Segal. O fato de o paciente se utilizar desses objetos bizarros para obter pensamentos conduz a um novo problema. Caso consideremos que um entre os objetos do paciente está utilizando-se de clivagem e identificação projetiva com o intuito de livrar-se de uma cognição consciente[3] da realidade, ficará claro que o paciente poderá conjugar o grau máximo de rompimento com a realidade com a maior economia de esforço caso consiga lançar esses ataques destrutivos sobre o vínculo que conecta impressões sensoriais com a consciência – seja lá qual for esse vínculo. No meu estudo para o Congresso Internacional de Psicanálise de 1953 (Capítulo 3 deste volume), mostrei que a cognição consciente da realidade psíquica depende do desenvolvimento da capacidade para o pensamento verbal – cujo alicerce vincula-se à posição depressiva. Não posso prosseguir nisso neste momento – mas indico o estudo de Melanie Klein feito em 1930 sobre "A importância da formação de símbolos no desenvolvimento do ego" (6); e também o estudo de H. Segal de 1955, apresentado na Sociedade Britânica de Psicologia (10), em que Segal demonstra a importância da formação de símbolos, investigando sua relação com o pensamento verbal e também com os impulsos de reparação normalmente associados à posição depressiva. Considero agora

---

3   *Awareness* no original [N.T.].

um estágio anterior nessa mesma história.⁴ Acredito que o dano – tornado muito mais aparente na posição depressiva – foi, na realidade, iniciado na fase esquizoparanoide, época na qual seria necessário colocar os alicerces para o pensamento primitivo; mas não o foram, pela prevalência de clivagem e identificação projetiva.

59. Freud atribuiu uma função ao pensar: fornece um modo para restringir a ação. No entanto, Freud prossegue: "É provável que o pensar tenha sido, originalmente, inconsciente, até o ponto no qual se elevou da mera ideação, voltando-se para as relações entre impressões sobre os objetos, e, nesse momento, foi dotado de outras qualidades, perceptíveis à consciência, mas apenas por meio de suas conexões com restos mnêmicos de palavras" (2). Minha experiência conduziu-me a fazer uma hipótese sobre a existência de algum tipo de pensamento no início da vida, relacionado àquilo que poderíamos denominar ideogramas e visão, e não palavras e audição. Esse pensamento depende de uma capacidade de balancear introjeção e projeção de objetos, e, *a fortiori*, da cognição consciente dessa introjeção e projeção. Capacidade que estaria dentro da parte não-psicótica da personalidade. Em parte, pela clivagem e ejeção do aparato de cognição consciente que descrevi anteriormente e, em parte, por razões que descrevo a seguir.

Em função das operações feitas pela parte não-psicótica da personalidade, o paciente torna-se consciente das introjeções que formam os pensamentos inconscientes – aos quais Freud se refere como um voltar-se às "relações entre impressões sobre os objetos". Acredito que seja essa a descrição de Freud sobre o pensar inconsciente, responsável pela "consciência vinculada às" impressões sensoriais. Minha crença fica reforçada pelo enunciado, doze anos depois, no estudo *O ego e o id*, de "que a questão 'Como algo

---

4 *Story* no original [N.T.].

torna-se consciente?' poderia ser colocada, de modo mais vantajoso, da seguinte forma: 'Como algo torna-se pré-consciente?'. A resposta poderia ser: 'Entrando em conexão com as imagens verbais que se lhe correspondem'" (3).

No meu estudo de 1953, afirmei que o pensamento verbal vincula-se à consciência da realidade psíquica; penso também que isso seja verdade para o pensamento pré-verbal, sobre o qual falo no momento. Em vista do que disse anteriormente a respeito dos ataques do psicótico sobre tudo aquilo que, no aparato mental, conduz à consciência da realidade interna e eterna, esperar-se-ia que os desdobramentos de identificações projetivas seriam particularmente severos contra o pensamento, independentemente de qual seja o pensamento, que dirija a atenção para relações entre as impressões objetais, pois, se fosse possível romper esses vínculos, ou melhor, se esses vínculos pudessem nunca ter sido forjados, então pelo menos a consciência da realidade seria destruída, mesmo que a própria realidade não o fosse. No entanto, ainda que de modo parcial, o trabalho destrutivo já foi feito, se considerarmos o fato de que, na personalidade não-psicótica, o material sobre o qual se executa a destruição é equilibrado por introjeção e projeção – equilíbrio não disponibilizado para a personalidade psicótica, pois a identificação projetiva faz um deslocamento de introjeção e projeção, deixando para a personalidade psicótica apenas objetos bizarros (como os descrevi anteriormente).

60. Na verdade, o ataque não acontece apenas sobre o pensamento primitivo, aquele que vincula impressões sensoriais da realidade à consciência. Graças à superdotação de destrutividade do psicótico, a clivagem estende-se aos próprios processos de pensamento. O enunciado de Freud, ao considerar a transformação do pensamento em relações entre impressões objetais, implica o fato de que a matriz ideográfica primitiva, da qual brota o pensar, contém dentro dela mesma os vínculos entre os vários ideogramas. Todos esses ficam, nesse momento, atacados, até que, no final, não se possa mais fazer uma conjunção de dois objetos de modo que cada objeto mantenha intactas suas qualidades intrínsecas, e mesmo assim possam produzir novos objetos mentais, por meio da conjunção. Consequentemente, a partir desse momento, a formação de símbolos fica especialmente dificultada; para obter um efeito terapêutico, depende-se de uma capacidade para reunir dois objetos de tal modo que possa se manifestar sua semelhança, mas deixando intacta sua diferença. Em um estágio posterior, o resultado desses ataques clivantes é visto na negação da articulação como princípio para a combinação das palavras. Isso não implica e, portanto, não será verdade afirmar que os objetos não possam ser reunidos – como mostrarei mais tarde ao falar de aglomeração. Além disso, como o vínculo entre os objetos não apenas sofreu uma fragmentação em partículas minúsculas, mas foi também projetado em objetos para se juntar a outros objetos bizarros, o paciente se sente cercado por vinculações diminutas, agora impregnadas de crueldade, conjugando cruelmente os objetos.

Concluindo minha descrição da fragmentação do ego, e sua expulsão sobre e também para dentro de seus objetos, preciso falar sobre minha crença de que esses processos que estou descrevendo constituem-se como fator central na diferenciação entre a parte psicótica e a não-psicótica da personalidade – até o ponto em que se possa isolar tal fator sem distorções. Essa diferenciação ocorre no início da vida do paciente: ataques sádicos sobre o ego e sobre a matriz do pensar, conjugados com a identificação projetiva dos fragmentos, tornam certo que, a partir desse momento, ocorrerá uma divergência sempre crescente entre as partes psicótica e não-psicótica da personalidade, até que o abismo entre as duas seja sentido como intransponível.

61. A consequência para o paciente é que agora ele se movimenta em um mundo de objetos que, usualmente, são a mobília dos sonhos – e não em um mundo de sonhos. Suas impressões sensoriais parecem ter sofrido uma mutilação de uma espécie que seria apropriada no caso de terem sido atacadas, do mesmo modo que o seio é sentido como atacado nas fantasias sádicas da criança (5). O paciente sente-se aprisionado nesse estado de mente que ele mesmo adquiriu, e incapaz de escapar, pois sente que lhe falta o aparato de consciência[5] de realidade – que é tanto a chave para escapar como a liberdade para a qual ele precisa escapar. O senso de estar aprisionado intensifica-se pela presença ameaçadora dos fragmentos expelidos, cujos movimentos planetários contêm o paciente. Esses objetos, primitivos e complexos, compartilham de qualidades que, na personalidade não-psicótica, são específicas de matéria, objetos anais, sentidos, ideias e superego.

62. A diversidade de tais objetos, dada pela dependência que mantêm do órgão sensorial no qual foram impregnados, impede-me de fornecer uma indicação mais precisa a respeito do modo pelo qual são gerados, e não apenas superficial. A reação desses objetos ao material utilizado para o pensar ideográfico leva o paciente a confundir objetos reais com ideias primitivas; portanto, há uma confusão quando tais objetos obedecem às leis da ciência natural, e não às leis do funcionamento mental desse paciente. Caso o paciente deseje trazer de volta qualquer um desses objetos, em uma tentativa de ter seu ego restituído – em análise, o paciente sente-se impelido a fazer essa tentativa –, terá que trazê-los de volta por meio de uma reversão da identificação projetiva que havia feito imediatamente antes – e usando a mesma rota pela qual haviam sido expelidos. O paciente pode sentir que o psicanalista colocou um desses objetos dentro de si; ou pode sentir que tomou

---

5 *Awareness* no original [N.T.].

o objeto do psicanalista. Nos dois casos, sentirá que o ingresso foi um ataque. O grau extremo ao qual levou a cabo a clivagem de seus objetos e também do seu próprio ego faz com que toda e qualquer tentativa de síntese seja sentida por ele mesmo como um perigo. Além disso, dado o fato de que o paciente se livrou daquilo-que-vincula, sua capacidade para articulação e os métodos de que dispõe para síntese são sentidos como se fossem um esqueleto, descarnados. O paciente pode comprimi-los, mas não pode vinculá-los entre si; pode fundi-los, mas não pode articulá-los. Como resultado da expulsão de sua própria capacidade de fazer vínculos, sente que tal capacidade tornou-se, como todas as outras partículas expelidas, infinitamente pior do que eram no momento em que foram ejetadas. Qualquer vinculação que possa ocorrer é feita como se tivesse sido uma vingança, ou seja, de um modo expressamente contrário aos desejos do paciente naquele momento. Esse processo de compressão ou aglomeração perde malignidade, ainda que parcialmente, à medida em que se prossegue com a análise. E, nesse caso, novos problemas emergem.

63. Mencionarei rapidamente uma questão que demandaria maior atenção, por um estudo específico. Ficou implícito na descrição que forneci a respeito da personalidade psicótica, ou parte psicótica da personalidade, de que a personalidade psicótica substituiu repressão por clivagem e identificação projetiva para repressão. Assim que a personalidade não-psicótica apela para o recurso de repressão, para eliminar certas tendências mentais que lhe eram conscientes, também para eliminar outras formas de manifestação de atividades conscientes, a personalidade psicótica tenta, de modo simultâneo, livrar-se do aparato do qual a psique depende para levar a cabo as repressões. O inconsciente passa a ter a aparência de que foi substituído pela mobília dos sonhos.

64. Farei uma tentativa de descrever uma sessão conforme ela ocorreu; será uma experiência clínica baseada nessas teorias, mas não será a descrição de uma experiência na qual essas teorias se baseiam. No entanto, espero ser capaz de dar indicações a respeito do material obtido nas sessões anteriores, que me levou a fazer essas interpretações, e não outras.

Na época em que levamos a cabo a sessão – da qual descrevo apenas uma pequena parte – o paciente estava vindo fazer sua análise comigo há alguns anos. Colecionava atrasos de até *45 minutos*, mas nunca faltara a nenhuma sessão. Ao longo desses anos, sempre tivemos sessões sem solução de continuidade. Essa sessão se passou no período da manhã: o paciente aparece quinze minutos atrasado. Deita-se no divã. Fica algum tempo agitado, virando-se de um lado para o outro sobre o divã, mostrando ostensivamente que está tentando encontrar uma posição que lhe seja confortável. Passa-se um bom tempo e o paciente fala: "Acho que não conseguirei fazer mais nada, hoje. Deveria ter feito um telefone para a minha mãe". Faz uma pausa e continua: "Não. Sabia que seria desse jeito". Nova pausa – mais prolongada – e fala mais um pouco: "Só tem sujeira e coisa fedorenta..." (nova pausa, mais rápida). "Penso que perdi minha visão". Tudo isso precisou de mais ou menos 25 minutos; nesse momento fiz uma interpretação. No entanto, antes de registrá-la neste texto, preciso abordar outro material – que, espero, tornará minha intervenção compreensível.

Estava assistindo algo que nos era familiar: o paciente procurava ostensivamente uma posição mais confortável no divã. Cinco anos antes, explicou-me ter recebido um conselho de seu médico: teria que se submeter a uma cirurgia para retificar uma hérnia. Seria de se supor que estava desconfortável por causa da hérnia, e isso o estaria obrigando a fazer os ajustes. No entanto, ficou-me evidente que havia algo mais envolvido que não a hérnia, nem a atividade racional de obter conforto físico maior. Algumas vezes, perguntei-lhe o que seriam esses movimentos. Sua resposta, quase sempre, foi a mesma: "Nada". Apenas uma vez, verbalizou: "Não sei". Senti que "Nada" era um convite, pouco velado, para que eu cuidasse da minha própria vida e não da dele, simultaneamente à negação de algo muito ruim. Ao longo de semanas e anos, continuei a observar seus movimentos. Nessa sessão em particular, posicionou um lenço próximo ao seu bolso direito; e, nesse exato instante, arqueou as costas – certamente seria um gesto sexual? Ato seguinte, cai um isqueiro desse mesmo bolso direito. Será que ele deveria pegá-lo? Sim. Não. Talvez não. Bem, sim. Recupera o isqueiro e o coloca junto ao lenço. De repente, uma chuva de moedas cai sobre o divã e, logo a seguir, no chão. O paciente se imobiliza, fica esperando. Talvez – seu gesto parecia sugerir – fora insensatez recuperar o isqueiro. Ato cuja consequência foi a chuva de moedas – era o que parecia. Furtiva e cautelosamente, aguardou, até que verbalizou as observações e comentários que relatei.[6] Recordaram-me descrições produzidas ao longo de muitos meses – não foram verbalizadas em uma única sessão – sobre suas manobras tortuosas antes de ir ao banheiro, ou quando descia para o café da manhã, ou quando ia telefonar para sua mãe. Fiquei bastante acostumado à atividade de me recordar de muitas das associações livres que poderiam, com facilidade, ter a aparência de serem apropriadas ao comportamento que o paciente estava demonstrando nesta manhã, e também em muitas outras manhãs. No entanto, nesse momento, essas associações eram minhas; em uma ocasião, tentei usar tal material em uma interpretação, e a resposta do paciente foi exatamente essa. Recordei-me de uma interpretação que foi mais ou menos bem-sucedida: assinalei que ele sentia algo a respeito desses movimentos

---

6 "Não vou fazer nada... telefonema para minha mãe... só tem sujeira e fedor... Penso que perdi minha visão" [N.T.].

que era muito similar ao que havia sentido sobre um sonho que havia relatado – não tivera a menor ideia sobre o sonho, do mesmo modo que não tinha nenhuma ideia sobre os movimentos. Concordou: "Sim, é isso". "E mesmo assim", respondi, "houve um dia no qual te surgiu uma ideia; você pensou que era a hérnia". "Isso não é nada", respondeu, fazendo então uma pausa. Astuciosa, pensei, para ver se eu tinha entendido o ponto. Nesse momento, disse-lhe: "Nada é, na verdade, uma hérnia". Respondeu rápido: "Não faço a menor ideia, apenas uma hérnia". Restou-me a sensação de que sua "nenhuma ideia" era muito parecida com a "nenhuma ideia" sobre os sonhos ou movimentos, mas, pelo menos naquela sessão, não consegui ir mais longe. Nesse aspecto, os movimentos e os sonhos foram exemplos muito razoáveis das tentativas mutiladas de cooperação; também chamei sua atenção para esse fato.

65. Ocorreu-me com frequência, e pode ter ocorrido a vocês que leem este estudo, que estariam assistindo a uma série de miniapresentações dramáticas: preparativos para que um bebê possa ser alimentado ou banhado; ou uma troca de fraldas; ou estar havendo alguma sedução sexual. Com maior frequência, seria correto dizer que a apresentação era um conglomerado de fragmentos de algumas dessas cenas. Foi essa a impressão que me conduziu a supor, finalmente, que estava assistindo a uma atividade ideomotora, ou seja, um modo de expressar uma ideia, mas sem nomeá-la. A partir disso, faltou dar um pequeno passo para pensar que estava assistindo a um tipo de atividade motora já descrita por Freud, em que há prevalência do princípio do prazer. Pois, enquanto estava observando fenômenos psicóticos, o paciente não estava de forma alguma agindo em resposta a percepções da realidade externa; estava exibindo um tipo de descarga motora que "serviu para aliviar o aparato mental de acréscimos de estímulos, e, levando a cabo tal tarefa, enviou inervações para o interior do corpo (aparentado expressões de afeto)", usando a descrição de Freud.

Essa foi a impressão que retornou para mim mesmo quando o paciente disse: "Acho que não conseguirei fazer mais nada, hoje". Um comentário que poderia referir-se à probabilidade de ele produzir algum material para interpretação ou, igualmente, à probabilidade de que seria eu a produzir alguma interpretação. "Deveria ter feito um telefonema para a minha mãe" poderia significar que sua falha lhe apareceu por meio de uma punição: não seria capaz de fazer nenhuma análise. Significava também que a mãe do paciente saberia o que fazer nesse caso – ela extrairia associações dele, ou interpretações de minha pessoa; algo dependia do que a mãe do paciente significava para ele, mas nesse ponto fiquei totalmente no escuro. O paciente trouxera sua mãe na análise como uma mulher muito simples, da classe operária, que tinha que ir trabalhar para sustentar a família; opinião nutrida com o mesmo grau de convicção que o paciente imprimiu às declarações de que sua família era extremamente rica. Havia vislumbres seguros, em sua comunicação, de que sua mãe era uma pessoa de tal modo assoberbada por compromissos sociais que lhe sobrava pouco tempo para satisfazer as necessidades do paciente, seu filho mais velho, e também da primogênita, que nascera dois anos antes do paciente nasceu; ou do restante da família. Se é que algo tão inarticulado pudesse ser descrito como fala, então o paciente falou de sua mãe como alguém completamente desprovida de qualquer senso comum, ou cultura, ainda que tivesse o hábito de visitar galerias de arte de fama internacional. Restou-me a inferência de que essa mãe educava seus filhos de modo extremamente ignorante e esmerado.

Posso dizer, agora, que naquela época sabia pouco mais da mãe real desse paciente do que saberia uma pessoa que havia se livrado de seu próprio ego – no modo que defini como típico da personalidade psicótica. No entanto, tendo essas impressões, e outras que omito, baseei-me nelas para minhas interpretações. As respostas do paciente a essas interpretações foram de rejeição total, por serem totalmente inadmissíveis pois estavam completamente erradas, ou então estavam certas, mas eu havia chegado e elas de modo inadequado, já que devia estar usando a mente dele (ou seja, sua capacidade de contato com a realidade) sem sua permissão. Observar-se-á, portanto, que o paciente expressa uma negação invejosa sobre meu *insight*.

66. Quando o paciente disse, após uma pausa, "Não. Sabia que seria desse jeito", senti-me seguro para assumir que seria improvável que eu pudesse fazer qualquer coisa naquela sessão; e que a mãe do paciente era uma pessoa ou coisa que poderia tê-lo capacitado a me tratar de maneira mais satisfatória – impressão reforçada pela associação seguinte.

Caso as teorias que descrevi estejam corretas, então, em qualquer situação, o paciente que está tão doente – como essa pessoa o estava – a ponto de obter um diagnóstico oficial de psicótico terá dois problemas principais para resolver. Um pertinente à parte não-psicótica da personalidade, e outro pertinente à parte psicótica. Com esse paciente em particular, e nesse ponto em particular, a personalidade psicótica e seus problemas ainda obscureciam a personalidade não-psicótica e seus problemas. No entanto, como espero mostrar, a parte não psicótica e seus problemas ficavam discerníveis no material. A personalidade não-psicótica interessava-se por um problema neurótico, ou seja, um problema centrado na resolução de um conflito de ideias e emoções originado do funcionamento do ego. Contudo, a personalidade psicótica preocupava-se com um problema de reparação do ego; a indicação disso residia no medo de ter perdido a visão. Dado o fato de que se introduziu o problema psicótico, foi com isso que lidei, dando primazia em minha consideração à última associação do paciente. Eu disse a ele que todas aquelas sujeiras e coisas fedorentas eram o que ele sentia ter me feito fazer, que sentiu ter me compelido a defecar sujeiras e coisas fedorentas, incluindo a visão que ele havia colocado dentro de minha pessoa.

O paciente sacolejou-se de modo convulsivo. Vi-o perscrutando cautelosamente o que parecia ser o ar ambiente. Disse-lhe, à luz daquilo que percebi, que ele se sentia rodeado por fragmentos sujos e fedorentos de si mesmo, incluindo seus olhos, que sentia ter expelido de seu ânus. Respondeu: "Não posso ver". Disse-lhe então que sentira ter perdido a visão e a capacidade de falar com sua mãe, ou comigo, quando havia se livrado dessas capacidades, para evitar a dor.

67. Nesta última interpretação, usei uma sessão que ocorreu muitos meses antes, na qual o paciente reclamou que psicanálise é uma tortura, uma tortura da memória. Mostrei-lhe que, quando sentia dor, como evidenciado nessa sessão pelos espasmos convulsivos, anestesiava-se, livrando-se de sua memória e de qualquer coisa que pudesse fazer com que ele sentisse dor.

> *Paciente.* "Acho que esses óculos escuros estão arrebentando minha cabeça."

Em torno de cinco meses antes dessa sessão, era eu quem usava óculos escuros. Tal fato, até o ponto que posso dizer, não produzira nenhuma reação naquele dia, nem depois, mas isso fica menos surpreendente se considerarmos que eu, usando óculos escuros, fui sentido por ele como um dos objetos a que me referi ao descrever o destino das partículas expelidas do ego. Já expliquei que a personalidade psicótica parece ter que esperar a ocorrência de um evento adequado antes de sentir que possui um ideograma adequado para uso em comunicação consigo mesma ou com outros. De modo recíproco, outros eventos que poderiam, supostamente, ter significância imediata para a personalidade não-psicótica são imediatamente dispensados, por serem sentidos como significativos apenas como ideogramas, não servindo para nenhuma necessidade imediata. A parte não-psicótica da personalidade obscureceu o fato de que eu havia utilizado óculos escuros pela prevalência da parte psicótica da personalidade: para essa parte da personalidade, o evento era significativo meramente como um ideograma – para o qual não houve necessidade imediata. Quando "óculos escuros", como fato, finalmente introduziu-se na análise, manteve superficialmente a aparência de um tipo de reação postergada. No entanto, tal visão depende da suposição de que a associação a respeito de óculos escuros teria sido expressão de um conflito neurótico na parte não-psicótica da personalidade. Na verdade, não era expressão tardia de um conflito na parte não-psicótica da personalidade; como vou mostrar, tratava-se da mobilização, pela parte psicótica da personalidade, de um ideograma necessário para que houvesse reparação imediata de um ego já danificado, por uso abusivo de identificação projetiva, que descrevi anteriormente. Fatos que se introduziam, na hora em se introduziam, passavam de modo silencioso, o que precisa ser considerado significativo não porque seu aparecimento foi postergado, mas por ser evidência de que a parte psicótica da personalidade está ativada.

Portanto, assumindo que "óculos escuros" são, nesse momento, uma comunicação verbal de um ideograma, torna-se necessário determinar qual é a interpretação desse ideograma. Correndo o risco de me tornar incompreensível, precisarei comprimir quais foram minhas evidências. Os óculos traziam em seu bojo uma dica: a mamadeira de um bebê. Um óculos tem dois vidros, e então eram duas mamadeiras, lembrando o seio. Escuros, pelo semblante labial demonstrando irritada desaprovação; feitos de vidro, como vingança pois o paciente tentava ver através deles, como se fossem seios. Eram escuros, pois necessitava da escuridão para espionar como era a relação sexual de seus pais; escuros pois apossara-se da mamadeira para ver como seus pais faziam sexo, não para se alimentar; escuros por tê-los ingerido de um gole só, apenas para esconder sua intenção, que não era obter leite, seu conteúdo; escuros pois ele mesmo tornara os objetos bons e claros em algo escurecido, portanto, odores fedorentos. Todos esses atributos poderiam ter sido obtidos pelo funcionamento da parte não psicótica da personalidade. Acrescentadas a essas características, há as que descrevi como pertencentes a ele, como fragmentos do ego que foram expulsos por meio de identificação projetiva: especificamente, o ódio deles ao paciente enquanto partes rejeitadas por ele. Aproveitei esses acréscimos obtidos pela experiência analítica e, ainda me concentrando no problema psicótico, ou seja, na necessidade de reparar o ego para atender às demandas da situação externa, disse-lhe:

> *Psicanalista.* "Sua visão retornou, mas está arrebentando sua cabeça; seu sentimento é de que tem uma visão muito ruim por causa do que você fez com ela."
>
> *Paciente* (movendo-se, exibindo dor, como se protegesse seu ânus). "Nada."
>
> *Psicanalista.* "Parecia ser seu ânus."
>
> *Paciente.* "Castigos morais."

Nesse momento, disse-lhe que sentia que sua visão e os óculos escuros seriam uma consciência que o punia, em parte por se livrar dessa visão para evitar dor, em parte porque os usara para espionar a mim e a seus pais. Não senti que fiz jus à compactação da associação do paciente.

Pode-se observar minha incapacidade em oferecer quaisquer sugestões sobre o que poderia ter estimulado tais reações no paciente. Não é de surpreender, já que estava lidando com um problema psicótico, e estes, em oposição a problemas não-psicóticos, relacionam-se à destruição de todo o aparelho mental que traria estímulos provenientes da realidade à consciência; portanto, não havia possibilidade de discernir a natureza, nem mesmo a própria existência de tais estímulos. No entanto, o comentário seguinte do paciente mostrou tal discernimento.

> *Paciente.* "Não sei se vou durar todo o fim de semana."

Esse é um exemplo do modo pelo qual o paciente sentiu haver reparado sua capacidade de contato e, portanto, pôde dizer-me o que estava acontecendo ao redor de si. Um fenômeno já familiar para ele; não o interpretei. Em vez disso, disse-lhe:

> *Psicanalista.* "Você sente que terá que seguir adiante sem minha presença. No entanto, para consegui-lo, sente a necessidade de ver o que ocorre ao seu redor, e até mesmo poder entrar em contato comigo; poder entrar em contato comigo à distância, como você faz com sua mãe quando lhe telefona; portanto, você tentou obter de mim sua capacidade de enxergar e conversar novamente."
>
> *Paciente.* "Brilhante interpretação. (Com uma repentina convulsão) Meu Deus!"
>
> *Psicanalista.* "Você sente que pode enxergar e compreender, mas aquilo que enxerga é tão brilhante, causando intensa dor."
>
> *Paciente* (demonstrando muita tensão e ansiedade, cerra os punhos). "Te odeio."

Psicanalista. "Quando você enxerga, aquilo que enxerga – o fim de semana, e coisas que você usa a escuridão para espionar – te preenche com ódio por mim e admiração."

Acredito que, nesse ponto, um ego restaurado fez com que o paciente se deparasse com o problema não-psicótico, ou seja, a resolução de conflitos neuróticos. Este entendimento foi apoiado pelas reações das semanas seguintes, quando o paciente manifestou incapacidade de tolerar os conflitos neuróticos estimulados pela realidade e a sua tentativa de resolução desse problema pela identificação projetiva. Isso seria seguido por tentativas de usar a minha pessoa como seu ego, e também por ansiedades sobre sua insanidade, e novas tentativas de reparar seu ego e retornar à realidade e à neurose; esse ciclo se repetia.

68. Como essa sessão pode ser usada para ilustrar uma série de pontos sem sobrecarregar o leitor com diversos exemplos de associação e interpretação, descrevi detalhes de uma parte dela. Lamento o fato de precisar excluir material impressionante e dramático. Caso o incluísse, precisaria acrescentar uma quantidade esmagadora de análises cotidianas plenas de descrições absolutamente incompreensíveis, com enorme carga de erros, produzindo imagens inevitavelmente enganosas. Ao mesmo tempo, não quero deixar a menor dúvida sobre minha opinião a respeito da abordagem que descrevo: produz resultados surpreendentes. A mudança ocorrida nesse paciente durante as semanas nas quais pude demonstrar as interações descritas foi algo que, acredito, qualquer pessoa aceitaria como digna do nome de melhoria psicanalítica. O comportamento do paciente se suavizou: sua expressão tornou-se muito menos tensa. No início e no final das sessões, fitava-me nos olhos sem se evadir, e sem o acontecimento comum de ficar focado em outro lugar, como se eu fosse a superfície de um espelho frente ao qual ele ensaiasse algum drama interno: uma peculiaridade que, frequentemente, ajudou-me a perceber que a minha pessoa não lhe era real. Infelizmente, tais fenômenos não são de fácil descrição; não posso me alongar na tentativa pelo meu desejo de chamar a atenção para a surpreendente e desconcertante melhora que pude encontrar, e que também encontrei em outros pacientes. Vou lidar com essa melhora voltando à discussão teórica que interrompi para apresentar meu exemplo clínico, que se refere ao tema principal deste artigo.

69. Se o pensamento verbal é aquilo que sintetiza e articula impressões, a consequência é que um pensamento verbal torna-se indispensável ao conhecimento da realidade interna e externa. Prevê-se então que, ao longo de uma análise, o pensamento verbal fique intermitentemente submetido a clivagens destrutivas e identificações projetivas. Descrevi a introdução do pensamento verbal como pertinente à posição depressiva; no entanto, a personalidade psicótica se opõe à depressão própria dessa fase; em consequência, o desenvolvimento de pensamento verbal fica sob ataque. Toda vez que ocorre depressão, a identificação projetiva expulsa da personalidade os elementos ainda incipientes do pensamento verbal. Refiro-me agora a um artigo para o Congresso Internacional de 1955 escrito por Hanna Segal (11), em que ela descreve o modo pelo qual a psique lida com a depressão; incluo-o pela pertinência que tem ao papel que a posição depressiva desempenha no desenvolvimento de pensamento verbal. No entanto, disse que, num estágio ainda mais precoce, a posição esquizoparanoide, deveria haver o desenvolvimento de processos de pensamento, que estão de fato sendo destruídos. Não há nenhuma questão de pensamento verbal nesse estágio, apenas um rudimento incipiente de pensamento primitivo, de uma espécie pré-verbal. A identificação projetiva excessiva, nessa fase inicial, evita tranquilidade na introjeção e assimilação de impressões sensoriais, negando à personalidade uma base firme sobre a qual o pré-pensamento verbal incipiente possa se desenvolver. Além disso, não se ataca apenas o pensamento, que, em si, é o vínculo, mas os fatores que tornam o pensamento coerentes também são atacados, de modo similar. No final, as unidades ou elementos pelos quais se faz o pensamento não podem ser vinculados: o pensamento não fica articulado. O crescimento do pensamento verbal é, portanto, comprometido tanto pelos contínuos ataques típicos da posição depressiva, como descrevi no caso clínico, quanto pelo fato da longa história de ataques a pensamentos de todo e qualquer tipo que precedem a posição depressiva.

A tentativa de pensar, parte central do processo total de reparação do ego, envolve o uso de modos pré-verbais primitivos que haviam sofrido mutilação e identificação projetiva. Isso significa que as partículas de ego expelidas e seus acréscimos precisam ser novamente controladas e, portanto, retornar para dentro da personalidade. Ocorre reversão na identificação projetiva; tais objetos retornam pelo mesmo caminho pelo qual haviam sido expulsos. Um paciente expressou essa situação afirmando que tinha que usar um intestino para pensar, e não um cérebro; enfatizou a precisão de sua descrição corrigindo-me quando lhe disse, em uma ocasião subsequente, que havia engolido algo; sua resposta foi de que intestinos não engolem. Os objetos, para serem trazidos de volta, têm que ser compactados. No entanto, a função de articulação foi hostilizada, e agora a própria articulação se torna um objeto, e só se pode vincular esses objetos por aglomeração – um modo inapropriado. No exemplo clínico, sugeri que óculos escuros eram um exemplo dessa aglomeração de objetos bizarros; que, por sua vez, foram produtos de identificação projetiva do ego. Além disso, devido à incapacidade do paciente de distinguir entre tais objetos e objetos reais, frequentemente se colocava na posição de esperar por eventos apropriados que lhe fornecessem ideogramas que seu impulso de comunicação exigia, e que este caso era um recíproco disso, ou seja, um instante em que se armazenava um evento não pelo seu significado neurótico, mas pelo seu valor como um ideograma. Tudo isso implica o fato de que esse uso específico de óculos escuros seja muito avançado. Por um lado, o armazenamento de tal evento para uso como ideograma se aproxima da descrição de Freud a respeito de uma busca por dados que já possam ser familiares, caso surja uma necessidade interna urgente, por ação de uma das funções do ego, a de atenção. Mas também mostra, embora neste caso de uma forma um tanto rudimentar, uma aglomeração habilidosa, que consegue transmitir significado. Agora, a surpreendente e mesmo desconcertante melhora toca nesse ponto de aglomeração hábil. Descobri não apenas que há pacientes que recorreram cada vez mais ao pensamento verbal comum, mostrando assim uma maior capacidade para esse tipo de pensamento, e maior consideração pelo psicanalista como um ser humano comum, mas também que esses mesmos pacientes pareciam estar se tornando cada vez mais hábeis neste tipo discurso aglomerado, em vez do discurso articulado. O ponto principal sobre o discurso civilizado é que ele simplifica muito a tarefa do pensador, ou do orador. Com essa ferramenta, os problemas podem ser resolvidos porque pelo menos podem ser formulados, ao passo que, sem ela, certas questões, por mais importantes que sejam, nem podem ser colocadas. Há algo de extraordinário nesse *tour de force* pelo qual modos de pensamento primitivos são usados pelo paciente para enunciar temas de grande complexidade. Penso ser significativo que a capacidade desses pacientes em executar esse tipo de coisa melhore concomitantemente com outros avanços que sejam mais bem-vindos pelo paciente. Estou usando a expressão "mais bem-vindos" pois ainda não me satisfiz com a ideia de que seria correto ignorar o conteúdo de uma associação porque lidar com esses conteúdos faria com que o analista falasse durante um tempo muito maior do que o paciente. Qual seria, por exemplo, a interpretação de "castigos morais"? E, tendo decidido isso, qual seria o procedimento correto para fazê-la? Por quanto tempo a pessoa prosseguiria na elucidação?

As partículas que precisam ser empregadas compartilham, como vimos, das qualidades de coisas. O paciente parece sentir isso como um obstáculo adicional para que essas partículas retornem. Como esses objetos que parecem ter sido expulsos por meio de identificação projetiva tornam-se infinitamente piores após a expulsão, se comparados com o que eram quando originalmente expulsos, o paciente sente-se invadido, agredido e torturado pelo retorno, ou re-entrada, mesmo que tenha sido por vontade própria. No exemplo que dei, isso aparece pelo movimento convulsivo do paciente e por sua reação notável à interpretação "brilhante". Nesse último caso, há a demonstração de que os sentidos, como parte do ego expulso, também ficam dolorosamente comprimidos ao retornarem, e esta é a explicação da extrema dor ao ter-se alucinações táteis, auditivas e visuais que surgem por estarem sendo agarradas com força por aquilo que parece ser o trabalho do paciente. Como Segal descreveu, depressão e ansiedade, sujeitas ao mesmo mecanismo, são intensificadas de forma semelhante até que o paciente seja compelido a tratá-las por identificação projetiva.

Conclusão

70. Minha experiência convenceu-me do valor dessas teorias: conduziram a melhorias que até mesmo psicanalistas podem sentir que merecem rigoroso exame e teste. De modo inverso, não me parece possível obter real progresso com pacientes psicóticos enquanto não dermos o devido peso à natureza da diferenciação entre personalidade psicótica e personalidade não-psicótica; em particular, ao papel da identificação projetiva na parte psicótica da personalidade como substituta para a regressão na parte neurótica da personalidade. É necessário elaborar os ataques destrutivos que o paciente faz contra seu próprio ego e o quanto ele substitui repressão e introjeção por identificação projetiva. Além disso, considero que isso também é verdade para neuróticos graves, nos quais acredito haver uma personalidade psicótica escondida pela neurose, do mesmo modo que a personalidade neurótica fica espelhada pela personalidade psicótica nos pacientes psicóticos. É necessário mostrar e lidar claramente com essas situações.

Referências

1. Bion, W. R (1953). Notas sobre a teoria de Esquizofrenia. *Int. J. Psycho-anal.*, Vol. 35, 1954.

2. Freud, S. (1911). Formulations on the two principles of mental functioning. In S. Freud, *Standard Edition*, 12.

3. Freud, S. (1923). *The Ego and the Id*.

4. Freud, S. (1924). *The Loss of Reality in Neurosis and Psychosis*.

5. Klein, M. (1928). Early stages of the Oedipus Complex. In M. Klein, *Contributions to Psycho-Analysis 1921-1945*. London: Hogarth Press.

6. Klein, M. (1930). *The Importance of Symbol-formation in the Development of the Ego*.

7. Klein, M. (1946). Notes on Some Schizoid Mechanisms. In M. Klein, P. Heimann, S. Isaacs, & J. Riviere (Eds.), *Developments in Psychoanalysis*. London: Routledge.

8. Klein, M. (1989). *Developments in Psycho-Analysis*. London: Routledge.

9. Rosenfeld, H. (1952). Notes on the psycho-analysis of the superego conflict in an acute schizophrenic patient, *International Journal of Psycho-analysis, 33*.

10. Segal, H. (1955). Artigo sobre a formação do símbolo lido para a Seção Médica da British Psychological Society.

11. Segal, H. (1956). Depression in the Schizophrenic, lido no 19º Congresso Internacional de Psicanálise, Genebra, de 24 a 28 de julho de 1955. *International Journal of Psycho-analysis, 37*, 339-343.

6. Alucinação[1]

71. Todas as descrições a respeito de alucinação com as quais pude ter contato são imprecisas, se o intuito é obter material para interpretações em psicanálise. No estudo seguinte, descrevo observações detalhadas sobre processos alucinatórios, e os resultados consequentes a elas. Espero que possam ver o quanto esse tipo de observação é essencial e recompensadora.

O conteúdo desse estudo está totalmente limitado ao tema; foi necessário excluir boa parte do material, cuja presença poderia ser útil para maior clareza. Preciso indicar duas categorias importantes de fatos que sofrem com a exclusão. Em primeiro lugar, a totalidade do material do presente estudo deriva da aplicação prática das teorias apresentadas em uma contribuição anterior na Sociedade Britânica da Psicanálise, em 6 de outubro de 1955, em uma contribuição anterior, sobre a diferenciação entre personalidade psicótica e personalidade não-psicótica (Capítulo 5 deste volume). Suponho que o leitor teve conhecimento desse estudo e de

---

1 *International Journal of Psycho-analysis*, *39*(5), 1958.

meus agradecimentos a Melanie Klein e seus colaboradores, que trabalham nessa mesma área. Em segundo lugar, preciso enfatizar que as descrições clínicas procedem da análise de um paciente que havia sido diagnosticado oficialmente[2] como esquizofrênico, mas que atualmente não tem mais esse tipo de atestado. No estudo que se segue, essas descrições estão disfarçadas, por questões éticas. Obtive ainda esclarecimentos a respeito desse caso em experiências em análise com dois outros pacientes que também haviam recebido o mesmo diagnóstico oficial. Retorno agora às descrições clínicas, esperando que o escrito possa fornecer, minimamente, fatos necessários para sua compreensão.

72. O paciente chegou pontualmente; solicitei que o chamassem para adentrar o consultório. Não constituiu surpresa que tenha aparecido sem mais delongas, embora esse tipo de progressão, sem cerimônias, nem sempre tenha sido regra na análise que esse paciente fazia comigo há alguns anos, quando fizemos muito trabalho. Ao entrar na sala, olha de relance para mim: esse tipo de exame franco tem sido um desenvolvimento dos últimos seis meses, ainda se constituindo como novidade. Enquanto fecho a porta, o paciente vai até o lugar onde estão os pés do divã, mas não se deita – fica de frente para a cabeceira, olhando para as almofadas e para a poltrona na qual me sento. Permanece em pé, ombros encurvados, joelhos meio afundados, mantendo a cabeça inclinada, olhando para minha poltrona, imóvel – até que eu passe por ele e esteja prestes a me sentar. Seus movimentos parecem estar tão ligados aos meus que, à medida que inicio meu movimento para sentar, esse movimento – que é meu – parece liberar uma mola no paciente. À medida que vou me sentando, o paciente, de modo

---

2 No original: *certified*. Em alguns locais, há restrições ligadas ao código civil oficial no país em questão, dando maiores precisão e cuidado social, nas nomenclaturas usadas em atestados e laudos com diagnósticos psiquiátricos [N.T.].

lento e uniforme, vira-se para sua esquerda, como se algo fosse ser derramado ou quebrado caso ele fosse surpreendido por um movimento brusco, precipitado. Ao me sentar, o paciente cessa seus movimentos – como se nós dois fizéssemos parte de um brinquedo provido de mecanismo de corda. O paciente, agora de costas para mim, fica preso por um momento no qual seu olhar se dirige para o chão, próximo ao canto da sala que estaria à sua direita, de frente para ele, caso estivesse deitado no divã. Essa pausa dura, talvez, um segundo: um estremecimento que toma sua cabeça encerra a pausa. Estou enganado, suponho, de tão ligeiro e rápido que foi o estremecimento? No entanto, o paciente realmente está marcando o fim de uma fase e iniciando a próxima, pois senta-se no divã: prepara-se para se deitar.

Reclina-se lentamente; mantém os olhos no mesmo canto do chão. Eleva a cabeça para a frente ao despencar no divã, como se tivesse uma ânsia para não perder a visão. Faz um exame de modo circunspecto, como se temesse as consequências de ser detectado ao fazer tal exame.

Finalmente, reclina-se; mais alguns olhares sub-reptícios; de repente, fica imóvel. Em seguida, afirma: "Sinto-me completamente vazio. Quase não comi nada, mas não pode ser isso. Não, não adianta. Hoje não posso fazer nada". Recai no silêncio.

Até esse momento, a sessão pouco difere de outras tantas. Mal sei quando comecei a notar as características para as quais chamo atenção neste relato, entre as formas variadas nas quais o paciente inicia sessões. O padrão, frequentemente, já devia existir, mesmo que pudesse estar encoberto, como me pareceu, por outras características que exigiam interpretação mais urgente. Uma experiência comum com esse paciente foi a repetição constante de um padrão comportamental, gradualmente introduzido, e que me pareceu familiar a partir do momento que passei a reconhecê-lo.

No momento, quero discutir apenas um aspecto das características nas quais se baseia a alucinação.

Quando o paciente, de relance, olhou para mim, introduzia nele mesmo uma parte de mim. Como posteriormente interpretei, seus olhos – como se pudessem sugar algo de mim – levavam algo de minha pessoa para dentro dele. Essa parte era retirada de mim, antes que eu tivesse me sentado, e então expelida, outra vez através de seus olhos, sendo então depositada no canto da sala, onde o paciente poderia separá-la e então observá-la enquanto estivesse reclinado no divã. A expulsão demorou um ou dois minutos para ser concluída. O sinal do término da expulsão foi o estremecimento. A partir daí, e somente a partir daí, passou a existir alucinação. Não sugiro que tudo isso tenha sido revelado para mim por meio do comportamento do paciente nesta série de sessões. Foi surgindo gradualmente até que a noção me foi trazida; no devido tempo o paciente a confirmou: sentia que seus órgãos sensoriais podiam tanto expulsar como receber. Proponho isso como um primeiro passo na compreensão de fenômenos alucinatórios: se o paciente diz que vê um objeto, pode significar que percebeu um objeto externo ou pode significar que ejetou um objeto através de seus olhos. Se refere ter ouvido alguma coisa, pode significar que está emitindo um som – não é o mesmo que fazer um barulho; se diz que sentiu algo, pode significar que a sensação tátil está sendo expelida, projetada por sua pele. Algumas vezes, é necessário termos consciência[3] de que, para um psicótico, verbos referentes ao aparato sensorial podem ter duplo significado, permitindo-nos detectar um processo alucinatório – antes de que seja revelado por sinais mais usuais.

Volto-me agora à questão: o que é o conteúdo da alucinação? Em primeiro lugar, limito minha atenção ao objeto supostamente

---

3 *Awareness* no original [N.T.].

depositado no canto da sala: sou levado a ele porque, a julgar pelos relances, esse objeto depositado é o que mais exercita a mente do paciente. Evidentemente, é um objeto hostil: sua extrusão esvaziou o paciente; sua presença lhe é ameaçadora, fá-lo temer que não aproveitará mais a sessão. A natureza da inspeção que o paciente fez e seu próprio significado, facilmente acessível na superfície de suas frases desconexas, me dizem tudo isso.

Além disso, tenho em mente o final da sessão do dia anterior. O paciente ficara hostil, assustado, pensando que iria me matar. Pude lhe mostrar que estava clivando sentimentos dolorosos, principalmente os invejosos e vingativos, na esperança de ficar livre, forçando sua entrada em mim. A sessão terminou. Melanie Klein descreveu como esse mecanismo produz problemas para o paciente, engendrando um medo do psicanalista, que se torna um continente de uma parte ruim do paciente. Estava familiarizado com essa sequência na análise desse paciente; portanto, também preparado para o fato de que uma sessão terminando dessa forma transbordaria para a próxima. E assim aconteceu; os desenvolvimentos na sessão que estou descrevendo mostraram ter sido correto interpretar o comportamento desse paciente como um sintoma para remover seus aspectos ruins de minha pessoa, antes mesmo de fazer qualquer tentativa de ingerir o que era o objetivo principal da sessão: a ingestão de uma cura.

73. As alucinações e a fantasia de que os sentidos podem tanto ejetar como receber assinalam a seriedade do transtorno sofrido por esse paciente; no entanto, é necessário indicar uma qualidade benigna nesse sintoma que antes, com toda certeza, não estava presente. Clivagem, uso evacuatório dos sentidos e alucinações estavam sendo empregados a serviço de uma ambição: a de ser curado. Podem, portanto, ser considerados criativos. Contrastar tal experiência com episódios semelhantes anteriores ajudará a iluminar

todos eles. A última experiência tem uma coerência, um grau de integração que faltava totalmente em todas as sessões anteriores. Até mesmo a desconexão entre as sentenças permite uma impressão, sem maiores dificuldades. Refiro-me à bizarra síntese automatizada da movimentação física na qual o analista e o paciente ficam engrenados – como se fossem partes de um brinquedo com mecanismo de corda. A síntese traz dois objetos juntos, embora haja um banimento da própria vida. A clivagem é similar à descrita por Melanie Klein: um seio bom clivado do seio mau; amor clivado de ódio. Pelo menos três anos antes desse evento, o paciente já havia tentado conjugar os objetos. Delineou a violência com que o fez por meio dos termos fissão e fusão, usados para descrever explosões nucleares. Finalmente, quando ocorreu o exemplo que relatei, iniciara-se uma alteração no caráter da clivagem com a qual fiquei familiarizado durante toda a análise: passou a ser mais gentil, ao obter maior consideração à estrutura e à função de seu aparato psíquico, tornando duvidosa, com base no desenvolvimento histórico de sua análise, a justificativa de que a natureza intrínseca da atividade desse paciente pudesse corroborar que ele fosse denominado de psicótico. Em "Alguns itens em um estudo comparativo entre paralisias orgânicas e histéricas" (1893), Freud utilizou indiferentemente os termos clivagem e dissociação. Parece-me que os fenômenos que observei nesse paciente e em outros, igualmente muito perturbados, ficam mais bem descritos pelo termo "clivagem", como foi usado por Melanie Klein, deixando livre o termo "dissociação" para que o usemos na discussão de atividades mais benignas. Esse paciente demonstrava violentos processos originais de clivagem, cuja intenção era produzir fragmentação cominutiva, com o intuito de fazer, deliberadamente, separações, indo diretamente contra quaisquer linhas naturais de demarcação entre uma parte da psique e outra. Por outro lado, dissociação é mais suave, parecendo-me respeitar linhas naturais de demarcação entre objetos integrados; quando o intuito é efetuar separação, seguiria, de fato, essas linhas de demarcação, com o intuito de efetuar separação. Pacientes que dissociam tornam-se capacitados a se deprimir. Dissociação também me parece trair a dependência de um pensamento verbal elementar preexistente, como a afirmação de Freud parece indicar: nas paralisias histéricas entra em ação "a ideia popular a respeito dos órgãos e do corpo em geral". Quando desejo enfatizar o aspecto do desenvolvimento da atividade na história da análise do paciente, vou usar o termo clivagem; quando desejo falar de um processo benigno relacionado à parte não psicótica da personalidade, falarei em dissociação.

Espero que fique claro que estou relatando fatos a repeito de um paciente psicótico que atingiu um estágio de desenvolvimento no qual impulsos criativos tornaram-se discerníveis, podendo até ser detectados como motivos nos mecanismos mentais que, no início da análise, pareciam ser totalmente subservientes aos desejos de destruir.

Nesta ocasião, não forneci ao paciente as explicações que estou agora fornecendo neste texto – já disse que esse paciente estava familiarizado com o fato de que ele mesmo não tinha nenhuma certeza se qualquer sensação era um sinal de que algo estava sendo sugado por sua pessoa, ou se estava sendo expelido para fora de sua pessoa. Posso dar uma ideia de algumas das dificuldades de interpretação relatando um episódio de uma das primeiras sessões, no qual a natureza da experiência alucinatória foi se tornando mais evidente. Chamei a atenção do paciente para o fato de que, no momento em que falou, com todas as evidências de ansiedade persecutória, "Apareceram lágrimas nos meus olhos", o que estava dizendo era que o ambiente externo, com o intuito de cegar o paciente, teria lançado lágrimas diretamente para os olhos do paciente. Como consequência de minha verbalização, o paciente sentou-se e olhou para a parede oposta, exibindo o mesmo comportamento e postura que já havia exibido quando alucinou ter expulsado um objeto para o canto direito da sala, conforme o descrevi. Quando o que me pareceu ser a evacuação se completou, o paciente falou: "Alguém andou me dizendo que ficar deprimido é bom". Tive razoável certeza de que o "alguém" era uma referência à minha própria pessoa. No entanto, faltava-me qualquer evidência que alicerçasse alguma relevância a esse tipo de interpretação; disse-lhe o seguinte: "Penso que você está vendo esse alguém à sua frente". O paciente respondeu: "Ficou tudo escuro. Não consigo ver. Trancaram-me aqui". Uma resposta que pode parecer intrigante, como foi para mim, mas só até o momento que percebi que o mesmo tipo de sentimentos e modos de pensamento que eu estava utilizando também estavam prevalecendo e tomando a dianteira na atividade mental do paciente: essa atividade era feita de mecanismos psicóticos. Graças à familiaridade com esse fato, pude perceber o que o paciente estava pensando: pensava que eu também devia ter visto o mesmo alguém que lhe era visível. Como expliquei em estudos publicados anteriormente,[4] quando há uma hiperatividade de identificações projetivas, a personalidade psicótica do paciente sente-se cercada por objetos bizarros compostos por uma variedade de elementos, dos quais um deles é uma parte da personalidade do paciente. Portanto, se eu tivesse visto aquela pessoa, teria usado meus olhos para sugar uma parte da personalidade do paciente, misturada com esse objeto. O leitor poderá se dar conta de que estou descrevendo detalhadamente as manifestações clínicas de estados confusionais já descritos por Melanie Klein, e confirmados por Herbert Rosenfeld. Disse ao paciente: você sente que os meus olhos sugaram uma parte de sua pessoa, que apossei-me

---

4 O leitor pode consultar os capítulos anteriores: "O gêmeo imaginário"; "Notas sobre a teoria de esquizofrenia"; "Desenvolvimento do pensar esquizofrênico"; "A diferenciação entre personalidade psicótica e não-psicótica".

não apenas de alguém que você viu, mas de um fragmento de sua pessoa.

Na sessão que usei como principal fonte de material clínico, descrevi minha interpretação da atividade alucinatória como a tentativa desse paciente de lidar com partes de sua personalidade que lhe pareciam perigosas. O ponto ao qual retorno também foi um retorno para o próprio paciente: após verbalizar frases desconexas, voltou a ficar silencioso. Enquanto dei minha interpretação, o paciente foi tendo movimentos convulsivos, espasmódicos, confinados principalmente à parte superior do corpo. Parecia sentir cada sílaba que fui pronunciando como se fosse uma punhalada. Enfatizei esse fato, dizendo-lhe que sentia-se violentamente penetrado por algo muito ruim – e, em parte, sentia que era eu que o fazia, tentando me livrar do objeto que ele mesmo havia deixado dentro de minha pessoa. E também sentia que também sentia que ele mesmo havia enfiado algo muito ruim em sua pessoa, apesar de ter tomado todas as precauções para que isso não ocorresse, pois usualmente não ingeria nenhum tipo de alimento. Mesmo que não quisesse, permanecia ávido por considerar que não era possível ter nenhum tipo de controle sobre sua avidez.

Não dei nenhuma explicação a respeito da avidez: presumi que ele estava familiarizado, pelo trabalho que havíamos feito anteriormente, com o fato de que frequentemente usava seus olhos como órgãos de ingestão, com o intuito de satisfazer sua avidez; ainda que seu objeto tenha se esforçado para se preservar, ao negar-lhe contato físico. Neste caso, minha suposição se provou correta, permitindo-me evitar que a interpretação ficasse sobrecarregada com muito detalhes; no entanto, descobri em muitas ocasiões que tais interpretações ficavam muito além do alcance de pacientes que não obtiveram desenvolvimento suficiente na sua capacidade de integração.

Cessam os movimentos convulsivos. Volta a falar: "Pintei um quadro". Novo silêncio, querendo dizer que já possuíamos material suficiente para minha próxima interpretação.

74. A totalidade do material está delineada no quadro pintado pelo paciente; até então, minha interpretação iluminara apenas um aspecto desse quadro, esboçando algo centrado no objeto ruim, de mim retirado por ele e imediatamente no canto direito do consultório. Minha tarefa agora seria considerar todos os eventos da sessão até esse ponto, como se fossem componentes de um palimpsesto, no qual preciso detectar outro padrão cujo contorno se confundia com o que já havia sido revelado na minha interpretação. Antes de passar à consideração desse padrão, interpretei para o paciente um aspecto dessa situação para o qual chamo a atenção do leitor: o paciente está desempenhando um papel dominante quando expressa, com um grau incomum de urgência e força, uma crença em sua capacidade de comunicar questões que sente serem proveitosas, para alguém que ele, provavelmente, pensa que será receptivo a essas questões. Nesse momento, falei que além de uma entidade receptiva, eu também era uma parte do quadro pintado pelo paciente, em que há dois autômatos que mantém uma relação recíproca, mas sem vida. O paciente respondeu: "Fiquei acordado nessa noite, deixaram um rádio junto à porta".

Tinha noção de que o paciente associava sentimentos persecutórios intensos a todo e qualquer aparato elétrico; nesse momento, disse-lhe que se sentia atacado pela eletricidade que, para o seu sentimento, eram a vida e o sexo extraídos por ele mesmo, dos dois objetos internos a ele mesmo, expelidos no momento em que pintou o quadro. O paciente respondeu, de modo direto: "Exatamente", assinalando que não sabia o que poderia ocorrer após a sessão. Que, realmente, terminou nesse momento.

Como em outras sessões, obtivemos um grau de integração – o paciente chamava esse evento de uma sessão "boa". Até certo ponto, isso pode ser aceito como uma confirmação gratificante de um julgamento que eu mesmo estava disposto a fazer. No entanto, também percebi, de modo consistente, que a uma sessão desse tipo seguiam-se sessões "ruins", ou seja, sessões em que o paciente parecia retomar um estado de mente aparentemente não cooperativo, produzindo um material que eu não poderia interpretar. Sua preocupação com o que ocorreria após a sessão se devia – em parte – ao fato dele ter se dado conta desse apuro. Não gostou da perspectiva de perder aquilo que, agora, podia reconhecer, de modo consciente, como um estado mental agradável – a existência de uma cooperação mútua. O trabalho foi demonstrando, gradativamente, algumas causas contributivas para tal estado: ódio e inveja provenientes do psicanalista ou do paciente, ou a colaboração de ambos, para alguma consequência criativa; um método que permitisse expiar uma culpa por o paciente beneficiar; um método que permitisse expiar a culpa por ter se envolvido em uma cooperação amigável, sentida como se fosse um ato sexual. Nessa sessão, fiz uma interpretação supondo a existência de um vínculo sexual, ainda que negado, esta aumenta a possibilidade de que o último fator se aplique de modo forte e razoável.

Realmente, a sessão seguinte teve muitas das características daquilo que o paciente chamava de sessão "ruim". Minha razão para relatá-la é a iluminação – e não a falta dela – que oferece a respeito dos nossos problemas. Descobri o quão difícil é descrever tal sessão, pela impossibilidade de ficar fazendo anotações de longas passagens de verbalização cujo significado, caso tenha existido, escapou-me – mesmo que as anotações tenham sido feitas imediatamente após a sessão. Estou em condições de garantir um grau razoável de precisão no relato do comportamento que pude interpretar.

O paciente entrou, lançou-me um olhar rápido, esperou até que eu chegasse à minha cadeira e deitou-se, sem maiores delongas. Disse, sem emoção: "Não sei o quanto vou poder fazer; a verdade é que me dei muito bem na sessão de ontem". Senti então que ficou com a atenção mais vaga e o discurso tornou-se vacilante. Esse tipo de início de sessão me era bem familiar, tal qual um prelúdio para uma sessão ruim. Prosseguiu: "Não há a menor dúvida, estou ansioso. Um pouco ansioso. De qualquer jeito, isso não importa". Rapidamente, sua fala fica desconexa: "Pedi um pouco de café. Ela parece perturbada. Pode ter sido minha voz. Mas, sem a menor dúvida, o café também estava bom. Por que eu não deveria gostar do café? Achei que as paredes do estábulo iam desabar, na hora em que passei por lá. Quando voltei, mais tarde, estava tudo bem". Não posso reconstruir as outras verbalizações. Continuou a falar, hesitante, com pausas monótonas, por cerca de cinco minutos ou um pouco mais. Exceto pela referência ao café, essa amostra é bem representativa do material; nesse estágio da análise, as referências ao estábulo tinham boa quantidade de associações, tanto para o paciente como para mim. No entanto, não pude reconhecer qualquer valor associativo no material subsequente; independentemente do significado que teria para o paciente.

75. Disse anteriormente, esse comportamento nos era familiar. Constituiu-se como verdadeira regra nos estágios iniciais de análise; aparecia após sessões "boas". Para esclarecer a natureza do problema com o qual me confrontei nessa sessão, preciso fornecer outras informações. Mesmo que não fique aparente no que acabei de relatar, esse paciente podia falar de modo coerente. Durante o último ano, mostrou, nas sessões, ser capaz de fazer uma revisão psicanalítica de experiências que acabara de ter, com bom *insight* a respeito de seu estado psíquico, e boa compreensão do trabalho analítico feito nos anos anteriores de análise. Em uma certa ocasião, pareceu-me que paciente a considerou que eu estaria desprezando sua compreensão, mas o que realmente ocorreu é que ele havia aprendido muito e poderia usar o aprendizado. Nada poderia ficar tão contrastado com o estado psíquico revelado nesta explosão quanto o estado psíquico apresentado usualmente e com o qual me confrontou na sessão que estou descrevendo. Parecia que toda e qualquer interpretação que já houvesse sido feita precisaria ser novamente repetida, e, ao mesmo tempo, ficava igualmente óbvio que todas essas interpretações não lhe diriam nada de novo. A resposta dele à minha interpretação mostrou que minha suspeita estava correta. Assinalei que ele estava me mostrando o "quanto" poderia fazer, mas sem ter a menor consideração pela qualidade daquilo que poderia fazer. O paciente respondeu que havia colocado seu gramofone no assento – a forma que tinha para indicar que minha interpretação combinava as características de uma gravação, com a qual estava familiarizado, e uma defecação. Logo depois disso, tive motivos para supor que a resposta do paciente estava muito além de mera crítica.

Não estava nada disposto a continuar repetindo interpretações que, tinha quase certeza, ele mesmo poderia fazer. Mesmo assim, havia casos limítrofes, nos quais sentia que a repetição era necessária. O efeito dessas interpretações repetidas não foi nada encorajador para novos esforços similares. Tive dois sentimentos: havia esgotado meu estoque de explicações; junto com isso, senti estar mais adestrado para lidar com as possíveis causas do retorno desse paciente ao padrão de comportamento caracterizado por refutação absoluta de qualquer eficácia de uma abordagem analítica para seus problemas. Algo deve ter acontecido. Mas... o que seria esse algo? Chamei sua atenção para o seguinte fato: estávamos tendo o que ele costumava chamar de uma sessão "ruim"; deveria haver algum motivo para isso. Pareceu aceitar o fato, mas não ofereceu a menor explicação; eu também não pude detectar nenhuma explicação no material que o paciente trouxe. A única razão – que não me ocorreu no momento, mas, à luz de acontecimentos posteriores, pode ter me levado a alguma iluminação do material – era a possibilidade de ele ter tido algum sonho. Tinha havido um desenvolvimento recente – cerca de três ou quatro meses – e de modo ocasional: o paciente passou a relatar sonhos. Por ausência de associações, não me senti capaz de fazer muito progresso além de algumas sugestões um tanto óbvias. Por exemplo: você sente ser importante me dizer algo sobre essa situação específica, ou sobre essa coisa. Ou: você sente que eu seria o tipo de pessoa que pode compreender essa situação que está trazendo.

76. Não posso dizer, neste momento em que escrevo, o que ocorreu durante a sessão que me fez perceber um fato: o paciente estava alucinando. Pode ter sido o fato de que ele estava manipulando tanto a análise como a mim, e senti que não era visto como um objeto independente, mas estava sendo tratado por ele como uma alucinação. Suspeitei que, ao dizer que tinha colocado o gramofone na minha poltrona, estava negando que eu tivesse alguma existência, alguma vida que fosse independente da minha poltrona, tratando minhas interpretações como se fossem alucinações auditivas. Não interpretei isso imediatamente. Disse-lhe, no entanto, que nós dois poderíamos supor que estava em curso a reativação de um estado psíquico que, parecia-me, tornara-se importante para que ele pudesse preservar, à guisa de um objeto bom. Sua resposta: um movimento com a cabeça e olhos, como se minhas palavras fossem objetos visíveis, passando acima de sua cabeça, para colidirem-se com a parede à sua frente. Tratava-se de um comportamento habitual, desde o início da análise. Também testemunhei esse comportamento com outros pacientes. Rodrigué,[5] analisando

---

5 Emilio Rodrigué, um dos poucos analistas provenientes da América do Sul que estagiava em Londres. Manteve intenso e frutífero contato com Melanie Klein, W. R. Bion e D. Winnicott; outros foram Alcyon Baher Bahia, Virginia Leone Bicudo e Ligia Alcantara do Amaral [N.T.].

uma criança psicótica, relata comportamento semelhante. Anteriormente, interpretei o comportamento desse paciente do seguinte modo: ele via minhas palavras como se fossem coisas e, portanto, seguia seu percurso com os olhos. Demonstrou um alívio, quase que com divertimento, parecendo concordar que minhas palavras estavam sendo vistas como se fossem objetos evacuados, idênticos a fezes cibalosas. Pareceu-me haver uma qualidade tranquilizadora nessa alucinação: minhas interpretações, ainda que permanecessem sentidas como objetos perseguidores, agora eram vistas de modo inofensivo, esvoaçando sobre sua cabeça. Recordei-o de sessão anterior: uma vez mais, você está vendo objetos esvoaçando. Desta vez, ficou ansioso: "Estou completamente vazio. É melhor fechar os olhos". Permanece em silêncio, muito ansioso, até dizer, de um modo que me pareceu similar ao de alguém que pede desculpas: "Tenho que usar meus ouvidos. Acho que não ouço nada direito" – uma associação que revelou-me o fato de que o paciente não estava observando uma relação direta entre a minha pessoa e a parede oposta, como até então me parecera ser. Seus ouvidos apreendiam minha interpretação, mas de um modo que sentia estar "totalmente errado" – ou seja, de modo cruel e destrutivo. Se assim for, as interpretações eram sugadas e transformadas pelos ouvidos e ejetadas pelos olhos. Algo que me pareceu tão extraordinário que precisei de um ou dois minutos antes que essa explicação relampejasse; nesse momento dei a seguinte interpretação: "Você sente que seus ouvidos mastigam e destroem tudo o que te falo. Está tão ansioso para se livrar do que te digo que então o despedaça e o expulsa imediatamente através de seus olhos". Recordei-o de que nos momentos em que ficava ávido, e queria pegar algo, o fazia através de seus olhos; pois o ato de olhar, e também nossos olhos, possuem um longo alcance, muito mais do que tocar ou abocanhar. Continuei: "E, agora, você está usando seus olhos de modo oposto, ou seja, para jogar o mais longe possível os fragmentos de interpretação". O paciente pareceu-me muito assustado; mas, ao mesmo tempo, havia alívio quando concordou, ficou visível em sua voz. Chamei sua atenção para o sentimento de medo. Respondeu que se sentia muito fraco para continuar: "Estou desmaiando". Sugeri que ficou com medo de mim, por sentir que, ao destruir minhas interpretações, também estava me destruindo, e isso ocorria pois ele nunca conseguia interpretações suficientes para curá-lo. Essa interpretação possibilitou que o paciente prosseguisse associando. As associações, de modo geral, eram semelhante às do início da sessão, mas, ao mesmo tempo, tinham uma diferença. Referiu ter visto uma pintura de um pênis em outro lugar, passando a fazer reclamações contra si mesmo, dizendo que arruinara o quadro, pois tornara-o belo em vez de feio. Prosseguiu: "Todos os sons se transformam nas coisas que vejo ao meu redor". Minha interpretação foi de que o paciente voltara a transformar minhas interpretações em sons, para evacuá-las através de seus olhos, e, portanto, as via como objetos ao seu redor. Responde: "Então, tudo ao meu redor é feito por mim. Isso é megalomania". Faz uma pausa e prossegue: "Gosto muito da sua interpretação". Preciso acrescentar, entre parênteses: a partir desse momento, pude reconhecer o quão comum era o fato de que, ao receber uma interpretação que por algum motivo não lhe era bem-vinda, esse paciente dava indícios de ficar alucinado. Nesses momentos, o paciente costumava forçar um movimento, inclinando-se para a frente e levantando-se do divã com dificuldade, como se estivesse olhando para algo no canto da sala. Tornou-se claro, então, que eram repetições frequentes do mecanismo que estou descrevendo. Vou sugerir, adiante, algumas implicações desse substituto para negação.

77. Nesse ponto da sessão, as associações do paciente tornaram-se menos coerentes. Infelizmente, não posso relatar esse material com exatidão, por motivos que, espero, fiquem aparentes. As associações pareciam ser constituídas por fragmentos de sentenças,

referências desconexas ao que eu supunha serem eventos reais, e uma certa quantidade de material que, para mim, ficou imbuído de significado, por já ter emergido em outras sessões. Por um tempo notável, minha atenção se concentrou nesse desfile de associações, excluindo um acompanhamento peculiar de comentários contínuos que o paciente fazia a respeito de como estava se sentindo. Percebi então um padrão, que posso reproduzir de um modo geral e talvez impreciso: associação, associação, associação, "sem dúvida, um pouquinho ansioso", associação, associação, "sim, um pouquinho deprimido", associações, "agora fiquei um pouco ansioso", e assim por diante. Nessa sessão que descrevo, seu comportamento foi impactante, mas a sessão terminou sem que eu pudesse formular uma ideia clara do que estava acontecendo. Disse-lhe que não sabíamos por que toda sua intuição e compreensão analítica havia desaparecido. O paciente respondeu "Sim", de um modo penalizado. Se a frase, "e penso que sua intuição também deve ter desaparecido" pudesse ser expressa por apenas uma palavra, então essa palavra seria o "Sim" que o paciente enunciou.

Iniciou a sessão seguinte em um tom direto e objetivo, algo que usava nos momentos raros nos quais falava de modo racional e coerente. "Há um ou dois dias, tive um sonho peculiar". A voz foi se tornando deprimida durante o tempo em que o paciente enunciou essa breve frase. No final, senti que todo e qualquer vestígio do tom objetivo e direto desapareceu. "Você apareceu no sonho", acrescentou. Ficou-me claro que, pelo menos por enquanto, não iria ouvir mais nada sobre esse sonho, e que não haveria associações. Isso não me perturbou, pois já havia sido levado a algumas conclusões sobre a natureza dos sonhos psicóticos: percebera a necessidade de um longo trabalho até que um paciente psicótico pudesse relatar um sonho, e que, quando o fazia, parecia sentir que já havia dito tudo que seria necessário dizer apenas pelo fato de ter dito que teve um sonho. Senti que o paciente esperava que eu lhe dissesse algo. Não estava claro por que ele havia denominado a experiência que tivera de sonho; tampouco de que forma ele a distinguia de outras experiências que pareciam ter sido alucinatórias – que me descrevia de muitas formas. Concluí que havia uma implicação: algo acontecia quando esse paciente se recolhia à cama; esse algo provavelmente acontecia durante o sono. Senti que o que ele denominava "sonhos" era algo que compartilhava a maioria das características das alucinações, e talvez seria possível que experiências reais de alucinação no consultório pudessem servir para iluminar um sonho psicótico. Suponho que, no momento que um paciente psicótico menciona ter tido um sonho, esse paciente pensa que seu aparato perceptual está empenhado em expulsar algo, e que um sonho é uma evacuação de sua mente, estritamente análoga a uma evacuação intestinal. Essa suposição é, em si, um pequeno passo a partir daquilo que já disse sobre alucinação. Um paciente não pode relatar um sonho até que muito trabalho analítico tenha sido feito; um trabalho analítico não pode ser feito sem que um paciente sinta que se, por assim dizer, passou por um sonho, em algum momento deve ter absorvido esse sonho. Resumindo: para um psicótico, um sonho é a evacuação de um material colhido nos momentos de vigília. É necessário que ocorra um desenvolvimento considerável antes que o sonho psicótico se torne suficientemente coerente para ser comunicável. Antes disso, duvido que um psicótico faça qualquer conexão do sonho com percepções que tenha tido de objetos. Depois que o tenha feito pelo menos uma vez, penso que sempre o fará. Torna-se mais simples obtermos uma abordagem que permita compreender o sonho desse paciente. No entanto, resta ainda uma questão: por que o paciente diz ter tido um sonho peculiar? Esperei que a sessão o esclarecesse. Mas, no entretempo, disse-lhe que esse sonho, junto com a sessão "boa", havia sido a causa – justamente aquela causa que nós não havíamos encontrado – da reativação do estado psíquico na sessão "ruim". Respondeu: "Eu estava louco". Anteriormente, o paciente descrevera, com as denominações "louco" e "insano", os estados de mente em que prevaleciam alucinações, clivagem, identificação projetiva e confusão. Não fiz nenhuma observação sobre isso; no entanto, usei o termo "louco" todas as vezes que poderia servir de método rápido para me referir a esse estado complexo. Foi isso que fiz nesse momento: "Você parece sentir que ficou louco quando acolhe minhas interpretações e se livra delas de uma vez. Deve ter sentido que essas interpretações têm alguma coisa a ver com o sonho peculiar. O que será que ocorre, que você fica se movimentando desse modo?"

Observei uma série de contrações convulsivas no tórax do paciente; esse, foi o fato que motivou minha pergunta. Disse que não sabia. "Meu pensamento vai muito rápido."

78. Todas as vezes que o paciente apresentava esse tipo de ação – pelo menos aos últimas etapas da análise –, recordei-me da descrição de Freud a respeito das fases anteriores à introdução do princípio da realidade, em que a atividade motora não se direciona a alterações do ambiente, mas a diminuir a pressão "de acréscimos de estímulos sobre o aparelho mental". Disse-lhe então que era essa sua maneira de mostrar seus sentimentos. Ele acrescenta: "Parecido com sorrir". Cessam seus movimentos; inicia uma série de associações que pareciam ter as mesmas características daquelas que descrevi como ocorrendo no final da sessão anterior. Ainda me perguntando por que o sonho deveria ser considerado pelo paciente como peculiar, ouvi suas associações desconexas com comentários contínuos de "ansioso", "um pouco ansioso" e "deprimido". Depois de algum tempo, pensei ter discernido um padrão. Era como se o fluxo de associações fosse uma evacuação prolongada: algumas frases ficavam mais articuladas e outras, desconexas. Embora não pudesse ter certeza, pensei que seu relato de ansiedade estivesse associado ao material mais fragmentado; enquanto o relato de depressão era formado por partes que tendiam a ser totalidades articuladas. Com base nisso, disse-lhe: "Você ficou assustado com um sonho perturbador, pois, no momento que entrei nesse sonho, você sentiu que sou uma pessoa real que sua mente engoliu, mas que a perdia conforme você dormia. Isso o fez pensar que durante sua análise você deve ter destruído avidamente uma pessoa real, e não apenas uma coisa". Imediatamente, o paciente começa a falar racionalmente sobre uma visita que estava planejando fazer para ver seu irmão. Chamei sua atenção para a mudança em seu comportamento, após o momento no qual fiz a interpretação sobre o sonho. Respondeu: "Que sonho?" Ato seguinte, como que para encobrir sua própria perplexidade: "Ah, é verdade, devo ter esquecido". Não tive, de forma alguma, a impressão de que o paciente realmente lembrou-se do sonho. Pouco depois, afirma ter sentido que havia feito algum progresso, mas sentia-se muito deprimido e não sabia por quê.

O trabalho da quinzena seguinte convenceu-me de que minhas suspeitas sobre o sonho e minhas interpretações nele baseadas eram substancialmente corretas. Houve confirmação a respeito de minha impressão de que o aparecimento de um objeto total e integrado, em sonhos e em outros lugares, é ao mesmo tempo um sinal de progresso e um precursor de depressão – que pode atingir uma intensidade perigosa caso não se elucide sua origem. A "peculiaridade" do sonho para o psicótico não é sua irracionalidade, incoerência ou fragmentação, mas a revelação de objetos que são sentidos pelo paciente como objetos totais; portanto, encaixam-se adequadamente na função de se constituírem como poderosos sentimentos de culpa e depressão – associados por Melanie Klein à introdução da posição depressiva. A presença desses sentimentos de culpa é sentida como evidência de que houve destruição de objetos reais e valiosos. A descrição que fiz do fluxo de associações, em conjunto com os comentários sobre os sentimentos do paciente, mostra que uma oscilação imediata para a fragmentação não oferece nenhum tipo de verdadeiro alívio, pois apenas substitui a ansiedade persecutória por uma temida depressão.

Há duas características perigosas na situação que descrevo. Rosenfeld assinalou o fato de que pacientes que integram fragmentos para elaborar um objeto total podem ficar tão perturbados pela própria coesão que dela resulta, de modo imediato, uma explosão fragmentante. Confirmei as descobertas de Rosenfeld no meu artigo "Notas sobre uma teoria de esquizofrenia" (Capítulo 3 deste volume), mas os eventos que descrevo, para efeito de comparação, são alternativas menos explosivas – porém perigosas. O perigo fica na possibilidade de suicídio, por um lado; ou, por outro, de um retorno à posição esquizoparanoide. Esse último se caracteriza por fragmentação secundária, acrescida à já severa fragmentação primária definida por Melanie Klein como característica da posição esquizoparanoide. Parece que o paciente, ao fazer um retorno da posição depressiva em direção à posição esquizoparanoide, volta-se com ódio e ansiedade incrementados contra os fragmentos que mostram força no poder de aglutinação, e os cliva novamente com grande eficácia. O resultado disso é um perigo de fragmentação de tal forma diminuta que não só impossibilita a reparação do ego, mas também, correspondentemente, destrói as esperanças de quaisquer perspectivas de melhora.

Considero que esta fase de avanço e retrocesso da posição depressiva é crítica, não apenas porque o perigo de suicídio pode obscurecer o significado do recuo para a posição esquizoparanoide, mas também, particularmente, pelo fato de que a clivagem secundária é um fator inerente ao retrocesso. Caso não seja detectada e interpretada, pode não apenas comprometer os desenvolvimentos de análise, até então promissores, mas também reverter todo o processo e dar início a uma deterioração que impossibilitará qualquer recuperação.

79. A compreensão do material exige referência a alguns fenômenos colaterais. Durante o período no qual fiz esse trabalho, o paciente ficou reclamando que não conseguia distinguir entre aquilo que é real e aquilo que é irreal; que não sabia se algo era alucinação ou não. No artigo sobre "A diferenciação entre personalidade psicótica e não-psicótica" (Capítulo 5 deste volume), identifiquei uma das consequências do uso excessivo de identificação projetiva: ocorre um estado no qual o paciente se sente rodeado por objetos bizarros, compostos parcialmente de objetos reais e parcialmente de fragmentos da personalidade. Em particular, os aspectos da personalidade que ficam sob o domínio do princípio da realidade, no desenvolvimento normal, conforme enumerados na hipótese de Freud. A capacidade do paciente para o julgamento está entre esses aspectos da personalidade. A queixa do paciente de não conseguir distinguir a realidade da irrealidade foi uma das consequências dessa expulsão do seu aparato psíquico da capacidade de julgamento, pelo mecanismo de identificação projetiva. Seria natural, partindo da teoria que propus no estudo agora citado, supor que fosse possível traçar algo análogo a uma capacidade de julgamento nesses objetos bizarros. Fui persuadido pela minha experiência de que esses objetos bizarros podem ser encontrados no que normalmente descrevemos como "delírios" nesses pacientes. Freud, no estudo intitulado "Construções em análise" (1937), sugere que delírios podem ser "equivalentes das construções que desenvolvemos durante um tratamento analítico – tentativas de explicação e cura", embora aponte que, nas condições de uma psicose, estão fadados a ser ineficazes. Pareceu-me, durante este período de análise, que os delírios do paciente tinham esse aspecto, e que alguns entre esses delírios eram tentativas de empregar objetos bizarros a serviço da intuição terapêutica. Se assim for, poderiam proporcionar uma definição do relacionamento entre delírio e alucinação.

80. Encerro esta descrição com um comentário que me parece significativo. Ele diz respeito à natureza das experiências alucinatórias que venho descrevendo. Parecem-me mais próximas do que Freud descreveu como alucinações histéricas do que de alucinações psicóticas, que durante as primeiras fases da análise se evidenciaram de modo praticamente exclusivo. Diria que o desenvolvimento dessa diferença está diretamente relacionado ao incremento na capacidade do paciente de tolerar depressão.

Pode-se discernir a alucinação histérica da alucinação psicótica por meio das diferenças nos conteúdos respectivos: alucinações histéricas contêm o objeto total e ficam associadas com depressão, enquanto a alucinação psicótica contém elementos análogos a objetos parciais. É possível encontrar os dois tipos em pacientes psicóticos.

À guisa de conclusão, chamo a atenção para o trabalho analítico sobre características específicas que não podem ser comunicadas no contexto deste estudo.

Em primeiro lugar, o paciente em questão tinha medo de cometer um assassinato. A intensidade desse medo deve-se à crença de que ele já era culpado de tê-lo cometido. Dei-lhe exemplos das razões para essa crença nas associações – por exemplo, no episódio similar a uma pantomima, em que o paciente se viu acoplado comigo, de um modo tal que nós dois parecíamos ser autômatos desvitalizados. O leitor poderá se recordar de que o paciente fica culpado por remover uma vida, e então fica perseguido pelo objeto morto: um rádio que encarna eletricidade, sexo e a própria vida. O episódio mostra que o paciente contorna a culpa: fica perseguido pela vida que foi destruída.

Em segundo lugar, esse medo de executar um ataque assassino intensifica-se pelo fato de que o paciente mantém, até certo ponto, uma noção consciente[6] do quanto fica dominado por sentimentos e um estado psíquico adequados à fase do desenvolvimento em que prevalece o princípio do prazer. Freud sugeriu que nessa fase as ações do paciente não são direcionadas a uma mudança no ambiente; pretendem apenas aliviar o aparato psíquico de acréscimos de estímulos. Correspondem a um tipo de movimento muscular que aparece nas modificações de semblante e expressão corporal.

Suponhamos que nesse estado de mente o paciente sente um impulso de expressar sentimentos de amor por uma garota, que ele considera uma companheira em potencial. Além disso, sente-se obstruído nesse objetivo pela presença de sentimentos de impotência, junto com sentimentos de ódio e inveja em relação aos pais sexuais que ele pensa possuírem, e lhe negarem, o pênis ou seio potente que torna o possuidor potente para expressar amor. Nesse estado, o paciente fica dominado por sentimentos de impotência, inveja e ódio, fortalecidos pelo sentido de frustração, acrescido ainda da incapacidade de tolerar frustração. Cobrindo tudo, um sentido de obstrução a amar. Imediatamente, torna-se imperativo que o paciente descarregue sua psique de ódio e inveja destrutivos, a serviço da expressão dos sentimentos de amor pelo objeto. A falta de qualquer impulso para alterar o ambiente, aliada ao desejo por rapidez associado à incapacidade de tolerar frustrações, contribuem para forçar o recurso à ação muscular, do tipo característico da fase na qual prevalece o princípio do prazer. A experiência demonstra para o paciente que ações desse tipo atingem seus propósitos com maior rapidez do que ações destinadas a alterações ambientais. O alívio que o aparato psíquico obtém por meio de alucinação, isto é, quando inverte o uso do aparato sensorial, fica reforçado pela ação muscular – pode-se entendê-la melhor se usarmos um análogo extremamente complexo: o de uma carranca.

---

6 *Awareness* no original [N.T.].

A musculatura não muda apenas o semblante, nem é simplesmente uma expressão de ódio assassino: resulta no ato agressivo de assassinato. É necessário entender o ato resultante como uma atividade ideomotora, sentida pelo paciente como pertinente à classe de fenômenos que defini como aquela que cria objetos bizarros. O paciente não sente que alterou seu ambiente, mas sente-se livre para amar seu objeto sem qualquer conflito de sentimentos de impotência, ódio e inveja. Dura pouco tal alívio. Essa é uma descrição aproximada a respeito do estado psíquico sobre o qual o paciente, em sua parte não psicótica da personalidade, torna-se aterrorizadamente consciente. Contribui para o temor de qualquer progresso que possa levá-lo a formar apegos amorosos que, por sua vez, o levariam a desejos de expressar amor; e, a partir daí, à intolerância de frustração – preservada pela existência de impulsos destrutivos. Nessa situação, fica entregue à parte psicótica da personalidade – na qual só consegue encontrar mecanismos que lhe prometem solução instantânea dos problemas apresentados pela existência de emoções que deseja nunca abrigar. O paciente teme um perigo; tem boas razões para estar atemorizado. Pode-se enunciar em termos analíticos do seguinte modo:

O paciente anseia por amor, mas, ao sentir-se incapaz de ser frustrado, apela para uma agressão assassina, ou a uma agressão simbólica, como método de descarregar seu aparato psíquico de emoções não desejadas. O ataque é apenas uma expressão externa de uma explosão de identificações projetivas, em virtude da qual seu ódio assassino, junto com fragmentos de sua personalidade, são amplamente espraiados para dentro de objetos reais, incluindo todos os membros do meio social que circunda o paciente. Sente-se então livre para ser amoroso, mas ficou cercado por objetos bizarros, cada um composto por uma conjugação de pessoas e coisas reais, ódio destrutivo e consciência assassina. O quadro se complica ainda mais porque, embora seja verdade que o paciente se sente livre para amar, ao menos na intenção, a violência da explosão o deixa espoliado de tudo, incluindo sentimentos de amor.

81. De tudo que disse, podemos obter uma descrição menos complicada: emerge uma situação complexa quando um paciente executa um ataque factual. Tal situação pode ser resolvida dentro dos seguintes elementos:

(a) O paciente recorre a uma fantasia onipotente como um meio para direcionar seu amor pelo objeto.

(b) Uma manifestação externa que, na realidade, não corresponde à intenção do paciente afeta o meio ambiente e, apenas incidentalmente, fornece material para que o psicanalista baseie sua interpretação.

(c) Em casos extremos, ocorre uma reação da sociedade à manifestação externa, em si complexa, cujos componentes, entre outros elementos, também são reações psicóticas, tipificando conluio inconsciente no acolhimento das identificações projetivas de um dos seus membros.

(d) O apelo à identificação projetiva como substitutiva de repressão[7] implica fragilidade na capacidade para negação. Demonstra-se pelo recurso a ataques destrutivos ao aparato de percepção e pelo uso desse mesmo aparato – do qual o paciente, na realidade, nunca poderá se livrar – para expelir estímulos indesejados assim que tenham sido recebidos. Tentativas de se livrar de seu próprio sistema perceptivo conduzem a uma hipertrofia compensatória das impressões sensoriais. Como exemplo, pode-se citar a

---

7 Já mencionada no estudo "A diferenciação entre personalidade psicótica e não-psicótica", apresentado pela primeira vez em 6 de outubro de 1955 – Capítulo 5 deste livro.

descoberta de Lorde Adrian, na qual a percepção se dá à distância em relação ao estímulo, e sem depender exatamente da constância da estimulação.[8]

(e) Há um perigo no curso de uma análise: o paciente pode tornar-se incurável, por um retrocesso não analisado da posição depressiva para a posição esquizoparanoide. Nesse movimento, uma clivagem secundária é imposta à clivagem primária intrínseca à experiência original da posição esquizoparanoide; o perigo reside na fragmentação cominutiva resultante das clivagens renovadas, e na impossibilidade de efetuar qualquer reparação posterior.

(f) A relação da depressão com o aparecimento daquilo que o paciente sente como seus objetos integrados (totais) no material expelido de sua própria personalidade.

(g) A necessidade do psicanalista de reconhecer que a presença de alucinações é muito mais frequente do que usualmente se pensa. Depende do fato de que os órgãos dos sentidos são bidirecionais: um objeto pode ser uma excreção para o paciente, ou, como poderíamos dizer, uma alucinação, ao invés de ser algo que existe independentemente do paciente. Um exemplo notável pode ser demonstrado por um paciente que vê uma imagem dupla usando apenas um olho.

(h) Há uma relação entre a megalomania e a hiper-reação expulsiva.

---

8 Com a autorização e concordância de Francesca Bion, reformulei essa parte da frase, que está incompleta e errônea no original – o que tornou a redação ininteligível. O leitor pode consultar as "Notas sobre esta versão para a língua portuguesa de *Second Thoughts*" para melhor compreensão da descoberta de Lorde Adrian [N.T.].

82. Talvez esse sumário possa indicar possibilidades de futuras investigações, dentro da mesma tentativa de observar alucinações de modo detalhado e aprofundado – espero tê-lo feito nesse caso.

7. Arrogância[1]

83. O presente estudo focaliza uma classe específica de pacientes; proponho lidarmos com algo que faz parte das aparências externas, indicando a presença de curiosidade, arrogância e estupidez como evidência de um desastre psicológico. Desejo atribuir um significado ao termo "arrogância" sob a seguinte suposição: caso prevaleçam os instintos de vida em uma personalidade, orgulho se torna respeito a si mesmo; quando prevalecem instintos de morte, orgulho torna-se arrogância.

A separação entre as três aparências – curiosidade, estupidez e arrogância – e a falta de evidência sobre qualquer relacionamento entre as três evidencia a ocorrência de um desastre. Para deixar clara a conexão entre essas referências, farei um ensaio apelando reiterativamente ao mito de Édipo, mas sob um ponto de vista específico, tornando o crime sexual um elemento periférico. Esse

---

[1] Estudo preparatório para o 20º Congresso da Associação Psicanalítica Internacional, em Paris, entre julho e agosto de 1957.

mito é uma história em que o crime central é a arrogância de Édipo, que jurou revelar completamente a verdade, custe o que custar.

84. Essa mudança de ênfase traz os seguintes elementos para o centro da história: a esfinge, que traz um enigma e destrói a si mesma assim que este é solucionado; Tirésias, um profeta cego que possui conhecimento da verdade e deplora a determinação do rei Édipo em procurar tal conhecimento; o oráculo, que provoca a busca que o profeta Tirésias deplora; e novamente o rei, que, após concluir a busca, fica cego, sofrendo o exílio. Esta é a história na qual se distinguem elementos de ruína da psique, indicada por referências espalhadas, no mito, sobre curiosidade, arrogância e estupidez.

Há um tipo de paciente em que é necessário descobrir analiticamente a atividade de mecanismos psicóticos, para que possamos obter um ajuste estável; neles, é significativo que há referências a comportamentos marcados por curiosidade, arrogância e estupidez. Na prática, pode ser que a análise de tal paciente pareça seguir os padrões de tratamento das neuroses, com os quais nos familiarizamos. Mas há uma diferença importante: melhoras na condição do paciente não parecem ser compatíveis com o trabalho analítico que tenha sido feito. Recapitulando: é necessário que um psicanalista, ao tratar de um paciente aparentemente neurótico, considere que o aparecimento de uma resposta terapêutica negativa, conjugada a indicações dispersas e não relacionadas entre si de curiosidade, arrogância e estupidez, são evidência de que está havendo uma catástrofe psicológica – e esse psicanalista terá que lidar com ela.

85. Pode-se supor que uma abordagem para o problema seja fornecida pela emergência, durante uma análise, de uma dessas indicações. E, realmente, é esse o caso. É importante que a indicação de qualquer uma dessas três qualidades seja tratada pelo

psicanalista como um evento significativo, demandando investigação, por provocar resistências ainda mais obstinadas do que as usuais. Infelizmente, o problema se complica por um fato já é evidente: uma manifestação de curiosidade é, precisamente, o próprio procedimento analítico, que é sentido como um componente intrínseco do desastre. Em consequência, o próprio ato de analisar o paciente faz com que o psicanalista seja um acessório a mais, para precipitar regressões, transformando a própria análise em mais um fragmento de todo esse *acting out*. Sob o ponto de vista de uma análise bem-sucedida, é necessário evitar esse desenvolvimento. Ainda não fui capaz de ver como isso poderia ser feito. Uma alternativa é aceitar inevitabilidade da regressão e do *acting-out*, e, se possível, usá-los de um modo menos desastroso. Acredito que é possível fazê-lo, e em minha experiência isso envolve interpretação detalhada dos eventos que estão ocorrendo na sessão. Eventos esses que sempre exibem ativamente os mecanismos de clivagem, identificação projetiva e os vários fenômenos subsidiários relacionados a estados confusionais, de despersonalização e de alucinação – descritos em análise de pacientes psicóticos por Melanie Klein, Segal e Rosenfeld.

86. Além das características para as quais chamei atenção em trabalhos anteriores, nessa fase da análise, a transferência é peculiar, pois ela é totalmente centrada no analista, pelo fato de que ele é o analista. A caracterização desse fato é justamente a emergência dessas três aparências (curiosidade, arrogância e estupidez), e o fato de que o paciente, até o ponto em que ele esteja identificado com seu psicanalista, será visto como alguém cego, estúpido, suicida, curioso e arrogante, alternadamente. Daqui a alguns parágrafos, detalharei as qualidades de arrogância; no momento, preciso enfatizar que, neste estágio da análise, o paciente parece não ter nenhum problema além da existência do psicanalista. Além disso, usando uma analogia de Freud, apresenta-se um espetáculo semelhante ao do arqueólogo que descobre em seu trabalho de campo várias evidências, não exclusivamente de uma civilização primitiva, mas de uma catástrofe primitiva. Em termos analíticos, é necessário ter uma esperança: a de que as investigações que estão sendo realizadas possam resultar na reconstituição do ego. Esse objetivo é, entretanto, obscurecido, pois o procedimento analítico se tornou um *acting out* composto por ataques destrutivos contra o ego, toda vez e onde quer que um ego seja discernido. Ou seja, toda manifestação de que haja um ego, tanto no paciente como no psicanalista. Esses ataques se parecem muito com a descrição dada por Melanie Klein sobre os ataques contra o seio fantasiados pelo bebê.

87. Se considerarmos que existe algo na realidade que a torna de tal modo o odiosa para um paciente, a ponto de ele destruir o ego que o coloca em contato com essa realidade, seria natural supor que se trata de uma situação edipiana de orientação sexual. Realmente, descobri muitas evidências que fundamentam essa visão. Quando se caminha o suficiente para trazer a situação edipiana à vista, e há reconstituição do ego, é muito comum descobrir que essa mesma reconstituição precipita novos ataques ao ego. No entanto, também aparecem evidências de que outros elementos desempenham um papel importante no ato de provocar ataques destrutivos ao ego, e sua consequente desintegração. A chave para isso aparece nas indicações sobre a presença de arrogância – cujos detalhes prometi fornecer.

De modo resumido: parece que emoções avassaladoras se associam ao pressuposto – feito pelo paciente ou pelo psicanalista – de que existiriam as qualidades necessárias para buscar verdade e, em particular, uma capacidade para tolerar as pressões associadas à introjeção de identificações projetivas de outras pessoas. Colocando em outros termos: sente-se que o objetivo implícito de uma psicanálise, buscar a verdade a qualquer custo, é sinônimo de uma reivindicação de que se possui uma capacidade para conter aspectos clivados e descartados por outras pessoas e, ao mesmo tempo, manter uma perspectiva equilibrada. Este parece ser o sinal imediato para surtos de inveja e ódio.

88. Proponho agora dedicar o restante deste estudo à descrição dos aspectos clínicos em um material que até aqui abordei teoricamente. O paciente em questão é alguém que nunca se comportou de uma maneira que, em minha opinião, justificasse um diagnóstico de psicose. No entanto, demonstrou indicações esporádicas de presença de curiosidade, arrogância e estupidez, conjugadas a algo que senti ser uma resposta terapêutica inadequada. Vou ressaltar um período no qual a significância dessas características tornou-se claro. Pude dar-lhe algum *insight* a respeito da frequência cada vez maior de seu aparecimento no primeiro plano do material e do seu inter-relacionamento. O paciente descreveu seu próprio comportamento durante as sessões como louco ou insano, demonstrando ansiedade por sua incapacidade para promover um progresso analítico, comportando-se do modo que sua experiência de análise mostrara ser útil. De minha parte, fiquei impressionado com o fato de que, por várias sessões seguidas, o paciente parecia estar desprovido tanto de *insight* como de julgamento: fatos que nossa experiência anterior mostrou que ele possuía. Além disso, o material era quase inteiramente do tipo com o qual eu estava familiarizado na análise de pacientes psicóticos. Ou seja: era fácil detectar a evidência frequente de uma atividade extrema de identificação projetiva e de estados de confusão e despersonalização. Por alguns meses, as sessões foram totalmente ocupadas com estruturas psicóticas. Perguntei-me como esse paciente, aparentemente, continuava a ter uma vida fora da análise sem que houvesse, até o ponto que pude saber, piora nas suas situações materiais.

89. Não vou dar maiores descrições desta etapa, por não diferir dos relatos anteriores de trabalho com pacientes psicóticos. Desejo me concentrar no aspecto da análise que se relaciona a uma forma particular de objeto interno.

Em sua forma mais simples, este material aparecia nas sessões quando o paciente fazia associações carentes de coerência, consistindo de "sentenças" notavelmente deficientes de alguns aspectos da gramática coloquial na língua inglesa. O paciente poderia mencionar um determinado objeto significativo, mas não pronunciaria nenhum tipo de pronome, nem verbo. Poderia também aparecer sob uma forma verbal significativa – por exemplo, "esquiar" – sem a menor menção de quem deveria estar esquiando, ou onde estaria fazendo isso, e assim por diante, em um número de variações aparentemente inesgotável. Parecia impossível estabelecer alguma relação analiticamente potente por meio da comunicação verbal. Psicanalista e paciente formavam um casal frustrado. Isso em si não era novo; em uma ocasião, durante uma sessão relativamente lúcida, o próprio paciente observou que o método de comunicação estava de tal modo mutilado que impossibilitava qualquer trabalho criativo. Desesperou-se, pois não havia nenhuma possibilidade de cura. Esse paciente estava bem familiarizado com a ansiedade sexual inerente a tal conduta, de modo que parecia razoável supor que haveria algum progresso posterior. Foi mais surpreendente que, de fato, isso não tivesse acontecido, mas, ao contrário, incrementou-se a ansiedade no paciente. Fui forçado a presumir, em bases teóricas, que havia progresso e que havia uma mudança não observada em seu comportamento. Com essa suposição em mente, tentei buscar alguma pista que pudesse revelar no que poderia constituir essa mudança. No entretempo, prosseguimos com as sessões, sempre desse mesmo modo. Fiquei desorientado até que um dia, num momento de lucidez, o paciente expressou claramente que gostaria de saber como eu tolerava "isso". Pareceu-me uma pista: pelo menos agora sabia que havia algo que eu podia tolerar; e que ele, aparentemente, não podia. O paciente já percebera seu próprio sentimento de estar impedido de alcançar o objetivo de estabelecer um contato criativo comigo. E que, em alguns momentos, essa força obstrutiva estava localizada nele mesmo; mas, em outros momentos, estava em mim, em outros, ou ocupava um local desconhecido. Além disso, o impedimento não apenas mutilava a comunicação verbal, mas se fazia por outros modos de mutilação. O paciente já havia deixado claro que o objeto ou as forças obstrutivas estavam fora de seu controle.

90. Em certo momento, o paciente afirmou que a força obstrutiva era a minha pessoa e que minha característica marcante era a de que eu "não tolerava isso" – e foi esse nosso próximo passo nessa análise. Passei a trabalhar com a hipótese de que o objeto perseguidor que impedia qualquer tipo de relacionamento criativo era aquele que "não podia tolerar isso", mas faltava esclarecer o que seria esse "isso". Era tentadora a hipótese de que o "isso" fosse qualquer tipo de relacionamento criativo que se tornava intolerável para o objeto perseguidor por inveja e ódio contra um casal criativo. Infelizmente, tal hipótese não nos levou mais longe, pois já era um aspecto do material anteriormente esclarecido e que não produzira qualquer avanço. O problema do que seria o "isso" permaneceu, aguardando solução.

Antes de prosseguir na discussão desse problema, preciso mencionar uma característica do material que me conduziu até aqui, pois contribuirá para a compreensão do próximo passo. Ao longo de todo este período que venho descrevendo, indicações sobre curiosidade, arrogância e estupidez tornaram-se mais frequentes e mais obviamente relacionadas entre si. Estupidez era proposital; arrogância, nem sempre denominada assim, aparecia às vezes como acusação, às vezes como tentação e, em outras vezes, era um crime.

O efeito cumulativo dessas referências foi me persuadir de que seu parentesco dependia de sua associação com o objeto obstrutivo. Curiosidade e estupidez aumentavam ou diminuíam juntas; isto é, se havia aumento de curiosidade, o mesmo acontecia com estupidez. Senti assim algum ganho no conhecimento do caráter da força obstrutiva. O que o objeto não suportava ficou ainda mais claro em algumas sessões nas quais parecia que, na medida em que eu, como psicanalista, ficava insistindo na comunicação verbal como o método de explicitar os problemas do paciente, ele sentia que, ao fazê-lo, eu atacava diretamente o método de comunicação usado *pelo* paciente. A partir disso, ficou claro que, nos momentos nos quais o paciente me identificou com a força obstrutiva, havia mesmo algo que eu não suportava: os métodos de comunicação do paciente. Nessa fase, meu emprego de comunicação verbal foi sentido pelo paciente como um ataque mutilador a *seus* métodos de comunicação. A partir daqui, bastou demonstrar que o vínculo entre o paciente e minha pessoa era sua capacidade de utilizar o mecanismo de identificação projetiva. Ou seja, seu relacionamento comigo e sua capacidade de lucrar com a associação residem na oportunidade de clivar partes de seu aparato psíquico e projetá-las para dentro de minha pessoa.

Disso dependia uma variedade de procedimentos, sentidos como aqueles que davam segurança a experiências emocionalmente recompensadoras. Vou citar dois exemplos: a capacidade de inocular sentimentos maus dentro de minha pessoa e mantê-los nessa situação por tempo suficientemente longo, até que fossem modificados pelo meu aparato psíquico; e a capacidade de inocular suas próprias partes sentidas como boas em minha pessoa, o que resultava no sentimento de estar lidando com um objeto ideal. Associou-se a essas experiências um sentido de estar tendo um contato comigo – fiquei inclinado a acreditar que é uma forma primitiva de comunicação, fornecendo um alicerce para o que será, em última instância, a comunicação verbal. A partir dos sentimentos do paciente a meu respeito, nos momentos em que fui identificado ao objeto obstrutivo, capacitei-me a deduzir que o objeto obstrutivo ficava curioso a respeito do paciente, mas não tolerava ser um receptáculo que pudesse conter partes de sua personalidade e, portanto, fazia ataques destrutivos e mutiladores, principalmente por meio de variedades de estupidez, a sua capacidade para identificação projetiva. Concluí, portanto, que a catástrofe decorria dos ataques mutiladores feitos a essa espécie extremamente primitiva de vinculação entre o paciente e o psicanalista.

Conclusão

91. Em alguns pacientes, a recusa de que empreguem usualmente identificação projetiva precipita um desastre, aos destruir uma vinculação importante. Inerente a esse desastre está a instituição de um superego primitivo, negando o uso de identificação projetiva. A pista para esse desastre é fornecida pelo surgimento de indicações muito esparsas de curiosidade, arrogância e estupidez.

8. Ataques contra os vínculos[1]

92. Em trabalho anterior (Capítulo 5 deste volume), ao abordar a parte psicótica da personalidade, tive a oportunidade de falar a respeito de ataques destrutivos que o paciente faz contra qualquer coisa que lhe pareça ter a função de vincular um objeto a outro. Minha intenção no presente estudo é mostrar a importância dessa forma de ataque destrutivo na produção de alguns dos sintomas que podemos encontrar na psicose *borderline*.[2]

O protótipo de todos os vínculos sobre os quais desejo falar é o seio ou pênis primitivo. Pressuponho familiaridade com as descrições de Melanie Klein sobre fantasias de ataques sádicos ao seio imaginadas por bebês (6), sobre a clivagem de objetos internos por bebês; sobre identificação projetiva – a denominação dada por Klein ao mecanismo pelo qual a pessoa cliva e projeta partes de sua

---

1 *International Journal of Psycho-analysis*, 40(5-6), 1959.
2 O termo usual é "limítrofe"; consideramos que a palavra em inglês consagrou-se pelo uso, adquirindo valor de noção em psiquiatria e psicanálise. Persiste dando margem a controvérsias quando se tenta considerá-la como conceito, pois não obteve consenso em sua definição [N.T.].

personalidade para dentro de objetos externos; e também pressuponho familiaridade com as perspectivas de Klein a respeito dos estágios iniciais do complexo de Édipo (5). Vou colocar os ataques fantasiados ao seio como o protótipo de todos os ataques a objetos que servem para fazer vinculações; e a identificação projetiva como o mecanismo empregado pelo aparato psíquico para se livrar dos fragmentos de ego produzidos por sua própria destrutividade.

Descreverei em primeiro lugar manifestações clínicas em uma ordem que não obedece à cronologia de seu aparecimento no consultório, mas à necessidade de que minha tese fique o mais clara possível. Seguirei com material selecionado para demonstrar que esses mecanismos assumem uma ordem quando sua relação é determinada pela dinâmica da situação analítica. Concluirei com observações teóricas sobre o material apresentado. Retirei os exemplos da análise de dois pacientes que estavam em um estágio avançado no trabalho. Preservo o anonimato ao não fazer distinção entre esses dois pacientes; além disso, precisarei introduzir distorções a respeito de fatos que, espero, não prejudiquem a precisão da descrição analítica.

Dois fatos, o de que um psicanalista precisa estabelecer um vínculo com seu paciente, por meio da comunicação verbal, e que esse vínculo se constitui pela experiência do analista em psicanálise, simplifica a observação do quanto um paciente se dispõe para atacar o vínculo entre dois objetos. Um relacionamento criativo depende desse vínculo; portanto, é necessário que nos capacitemos a ver eventuais ataques contra tal vínculo.

Não considero agora a resistência típica que pacientes fazem contra interpretações, pois minha tentativa é expandir as referências do Capítulo 5 a respeito de ataques destrutivos contra o pensamento verbal.

Exemplos clínicos

93. Os exemplos que se seguem descreverão os momentos que me proporcionaram a oportunidade de dar interpretações (até o ponto em que o paciente as pudesse compreender) sobre uma conduta dirigida para destruir qualquer vinculação que pudesse existir entre dois objetos:

(i) Forneci uma interpretação para deixar explícitos os sentimentos e expressões de afeto de um paciente direcionados à sua mãe, em relação à capacidade que ela teria para lidar com uma criança refratária. O paciente tentou expressar sua concordância comigo. No entanto, ainda que precisasse de poucas palavras para fazê-lo, logo interrompeu a expressão dessas palavras, por meio de uma gagueira muito pronunciada, cujo efeito foi espalhar sua observação por um período de quase um minuto e meio. Emitiu sons similares aos de uma pessoa com dispneia, cujo suspirar fica intercalado com sons similares aos de um gargarejo, como se estivesse imergindo em água. Chamei-lhe a atenção para os sons. O paciente concordou que eram peculiares; as descrições que acabei de dar foram sugeridas pelo próprio paciente.

(ii) O paciente fez uma reclamação de não poder conciliar o sono, dizendo, com sinais de medo: "Não é possível continuar desse jeito". Passou a fazer comentários desconexos, dando a impressão de sentir, ainda que superficialmente, que iria ocorrer alguma catástrofe caso não conseguisse dormir; talvez algo semelhante à loucura. Referindo-me ao material da sessão anterior, sugeri que ele temia sonhar se dormisse. Negou, dizendo-se impossibilitado de pensar por estar molhado. Lembrei-lhe qual era seu uso do termo "molhado": expressava desprezo por todos que considerava sentimentaloides e frágeis. Discordou, indicando que estava se referindo exatamente ao oposto. Daquilo que conhecia sobre esse paciente, senti que era válida essa correção. De alguma forma, um estado de umidade referia-se a uma expressão de ódio e inveja idênticos aos que já associara a ataques urinários contra um objeto. Disse-lhe então que, além do medo superficial que expressava, acrescia-se o medo de dormir – para ele, algo equivalente a urinar sua própria mente. Outras associações mostraram o quão consistente e diminuta era a clivagem que esse paciente fazia quando sentia que as interpretações eram boas: transformava-as em urina mental vazando incontrolavelmente. O sono ficou inseparável de um estado inconsciente, idêntico a um estado de uma ausência de mente[3] irreparável. O paciente, nesse momento, disse: "Fiquei seco". Respondi: "você sente-se acordado, capaz de pensar, mas mantém precariamente esse estado".

(iii) Durante essa mesma sessão, o paciente produziu um material estimulado pela interrupção no fim de semana. Antes dessa sessão, sempre ficava uma questão de conjecturar se essa pessoa seria capaz de apreciar a realidade; mas nessa; demonstrou-me ter uma noção consciente a respeito de estímulos externos. Eu sabia que esse paciente tinha contato com a realidade, pois vinha desacompanhado da análise. Mas dificilmente alguém deduziria esse fato se partisse do seu comportamento nas sessões. Por exemplo: interpretei algumas associações como evidências de um sentimento de que testemunhara, ou via, ou pudesse ter visto uma relação sexual entre duas pessoas. Reagiu como se tivesse levado um golpe violento. Não me foi possível dizer onde o paciente experimentou o ataque. Mesmo retrospectivamente, não tenho a menor ideia sobre o local. Parece-me lógica a suposição de que o choque foi causado pela minha interpretação; portanto, o golpe veio do ambiente externo. No entanto, minha impressão é que o paciente sentiu que o golpe veio de dentro de si mesmo. Frequentemente, experimentava

---

3 *Mindlessnees* no original [N.T.].

aquilo que descrevia como uma facada interna. Sentou-se, olhando fixamente para o espaço. Disse-lhe: "parece que você está vendo alguma coisa". Respondeu que não podia ver o que estava vendo. Experiências prévias capacitaram-me a interpretar que o paciente estava "vendo" um objeto invisível. Experiências subsequentes convenceram-me de que nesses dois pacientes ocorreram eventos nos quais experimentaram alucinações visuais invisíveis. Supus que mecanismos semelhantes funcionavam nesse exemplo e no exemplo do item (II). Apresentarei as razões para essa suposição, mais adiante.

(iv) O paciente fez três comentários isolados nos primeiros vinte minutos da sessão. Tais comentários, pareceram-me destituídos de qualquer significado. Disse ter conhecido uma garota que lhe pareceu ser compreensiva. Imediatamente depois, houve um movimento violento e convulsivo que fingiu ignorar. Parecia idêntico ao tipo de ataque por uma facada interna que mencionei no item anterior. Tentei chamar sua atenção para o movimento: ignorou minha intervenção do mesmo modo que havia ignorado o ataque. Voltou a falar, fazendo um comentário: há uma névoa azulada, ocupando toda a sala. Pouco depois, afirmou que a névoa azul havia desaparecido e que estava deprimido. Interpretei que estava sentindo que eu o compreendia; sentiu então que ter sido compreendido era uma experiência agradável. No entanto, essa sensação foi instantaneamente destruída e expelida. Recordei-o de que tínhamos testemunhado recentemente seu uso da palavra "azul" como descrição compactada de uma conversa sexual agressiva. Se minha interpretação estivesse correta – eventos subsequentes sugeriram que estava –, implicaria que a experiência de ser compreendido fora clivada e convertida em fragmentos de abuso sexual; e, finalmente, expelida. Até esse ponto, senti que a interpretação se aproximava muito da experiência que tivemos. Mesmo que eventos posteriores tenham sido compatíveis com minha interpretação de que desaparecimento da névoa seria uma reintrojeção e, posteriormente, uma conversão em depressão, para o paciente, as interpretações não eram totalmente reais.

(v) Similar ao último exemplo, essa sessão se inicia com um relato de trinta minutos sobre três ou quatro enunciados factuais: fala da temperatura, que estava quente; que o trem estava lotado; que era quarta-feira. O prosseguimento do relato confirmou a impressão de que o paciente tentava reter algum contato com a realidade, pois disse recear que fosse ter um colapso. Pouco depois, afirmou que eu não o entendia. Minha interpretação foi que seu sentimento era de que eu não aceitaria o que queria colocar em mim, por ser uma pessoa ruim. Interpretei-o, de modo deliberado, exatamente nesses termos, pois o paciente havia demonstrado na sessão anterior seu sentimento de que minhas interpretações não passavam de tentativas que fazia para expelir justamente os sentimentos que ele desejava depositar em mim. Sua resposta à minha interpretação foi dizer que sentia existirem duas nuvens de probabilidade na sala. Minha interpretação, agora, foi que o paciente estava tentando se livrar da sensação de que minha maldade era um fato. Disse-lhe ainda que ele precisava saber se eu era realmente uma pessoa ruim, ou se eu era alguma coisa ruim que ele mesmo havia expelido. Embora esse aspecto não fosse de importância central naquele momento, me veio ao pensamento, naquele instante, que o paciente estava tentando decidir se estava alucinando ou não. Essa era uma ansiedade recorrente na análise desse paciente, associando-se ao medo de que inveja e ódio contra uma capacidade de compreensão o estivessem levando a ingerir um objeto bom e compreensivo para destruí-lo e ejetá-lo – um procedimento que frequentemente o conduziu a ser perseguido por objetos destruídos e expelidos. Tornou-se importante decidir se minha recusa em entendê-lo era uma realidade, ou apenas o produto de uma alucinação, pois determinaria quais seriam as próximas experiências dolorosas esperadas a seguir.

(vi) O paciente faz um aviso, interrompendo seu silencio que perdurava por mais da metade de uma sessão: alguma peça de metal caiu no chão. A seguir, silenciosamente, faz inúmeros movimentos convulsivos, como se algo proveniente de seu próprio interior, estivesse agredindo-o fisicamente. Disse-lhe que não poderia estabelecer contato comigo por causa do medo do que ocorria dentro dele mesmo. O paciente confirma, dizendo que sentia estar sendo assassinado; e que não sabia o que poderia fazer se não estivesse em análise, que tal acompanhamento o deixava melhor. Disse-lhe: "você sente tanta inveja de si mesmo, e de mim, por sermos capazes de trabalhar juntos para fazê-lo sentir-se melhor, a ponto de tomar nós dois, dentro de você mesmo, como se fôssemos um pedaço de metal morto, e um chão morto que se juntaram para tirar sua vida e não para te dar vida". A reação foi um incremento na ansiedade; o paciente diz, não posso continuar. Disse-lhe: "você sente que não pode continuar porque, das duas, uma: ou está morto, ou está vivo e tão invejoso que tem de interromper uma boa análise". Há uma diminuição considerável na ansiedade. No entanto, utiliza o restante da sessão para fazer afirmações a respeito de fatos isolados, parecendo ser, uma vez mais, uma tentativa de preservar um contato com a realidade externa, como método de negação de suas fantasias.

Características comuns ao exemplos clínicos

94. A escolha desses episódios deu-se pelo tema dominante que lhes é comum: um ataque destrutivo a um vínculo de relacionamento. No primeiro, o ataque se expressou por gagueira, que o paciente projetou para evitar que a linguagem fosse utilizada como ligação entre nós dois. No segundo episódio, o paciente sentia que o sono era idêntico a uma identificação projetiva que não pode ser processada, tampouco afetada por qualquer tentativa de controle possível que ele possa fazer. Dormir, para esse paciente, significava que sua mente, fragmentada cominutivamente, fluía para fora, sob forma torrencial de partículas de ataque.

Esses dois exemplos iluminam o sonhar esquizofrênico. Pacientes psicóticos parecem não ter sonhos, ou pelo menos não relatam nenhum sonho durante muito tempo; relatam-nos apenas nos estágios finais de uma análise. Minha impressão atual é que o período aparentemente isento de sonhos é um fenômeno análogo à invisibilidade de uma alucinação visual. Ou seja, os sonhos são constituídos de material fragmentado em pequeníssimas partículas totalmente destituídas de componentes visuais. Quando o paciente experimenta sonhos que pode relatar, é porque experimentou objetos visuais no decorrer do sonho, e parece considerar que esses objetos têm a mesma relação com os objetos invisíveis da fase anterior que fezes têm, segundo ele mesmo, com urina. Os objetos que aparecem nas experiências que chamamos de sonhos são considerados por esse paciente como sólidos e, como tais, são contrastados com o conteúdo dos sonhos que eram um *continuum* de fragmentos diminutos e invisíveis.

Durante a época em que a sessão foi feita, o tema principal foram as consequências de um ataque ao vínculo – mas não o próprio ataque, que havia sido feito previamente, deixando-o desesperançoso de obter um estado de mente necessário para estabelecer uma relação satisfatória com a cama onde dormia. Embora não tenha aparecido nessa sessão, o ato de conciliar o sono implicava, para esse paciente, identificações projetivas incontroláveis, usadas para atacar destrutivamente o que ele pensava ser o estado de mente dos pais no acasalamento. Portanto, havia uma ansiedade dupla;

uma decorrente do temor de perder a sanidade; a outra, de ser incapaz de controlar seus ataques hostis ao relacionamento entre o casal parental, com sua mente fornecendo a munição. Tornou-se igualmente inaceitável dormir e ter falta de sono.

O terceiro exemplo – a descrição de alucinações visuais de objetos invisíveis – testemunha uma forma sob a qual houve um ataque real sobre o casal parental. Até o ponto em que pude julgar, o paciente sentiu minha interpretação como se fosse o seu próprio sentido visual de uma relação sexual entre seus pais; fragmenta sua impressão visual e expele imediatamente as micropartículas, que, de tão pequenas, tornam-se componentes invisíveis de um fluxo. O procedimento total serviu ao propósito preventivo de impedir uma experiência de sentimentos de inveja dirigidos ao estado psíquico de um casal parental, pela expulsão instantânea de inveja no ato destrutivo. Terei mais a dizer sobre esse ódio implícito e a necessidade de evitar sua conscientização.

No quarto exemplo – em que o relato traz uma garota compreensiva e a névoa azulada –, o paciente sentiu que minha compreensão e o estado agradável de mente eram o vínculo que podia dar origem a um ato criativo entre ele e minha pessoa. O vínculo que nos relacionou foi visto sob ódio e transformado em sexualidade hostil e destrutiva, esterilizando o casal paciente-psicanalista.

O quinto exemplo traz duas nuvens de probabilidade. O vínculo que está sendo atacado é a capacidade de compreensão. Entretanto, o interesse desse exemplo reside no fato de que o objeto que faz os ataques destrutivos é estranho ao paciente. Além disso, o objeto destruidor faz um ataque à sua própria identificação projetiva, que ele mesmo considera um método de comunicação. O paciente não se dissocia de sentimentos de culpa e responsabilidade, na medida em que sente que meu suposto ataque aos seus métodos de comunicação seja secundário aos seus ataques invejosos, dirigidos à minha pessoa. Outro ponto é que, nas partes da personalidade que o paciente expeliu, surge o ato de julgar – considerado por Freud como característica essencial da prevalência do princípio da realidade. Na época, permaneceu inexplicado um fato: o de que havia duas nuvens de probabilidade. Obtive um material em sessões subsequentes que me levou a uma hipótese: o que havia sido originalmente uma tentativa de separar o objeto bom do objeto mau sobreviveu na existência de dois objetos. No entanto, esses dois objetos remanescentes se assemelhavam, pois em cada um deles havia uma mistura de bom e mau. Levando em consideração o material das sessões posteriores, pude tirar conclusões que não eram possíveis na época. O paciente sentia que sua capacidade de julgamento, clivada e destruída com o resto de seu ego e então expelida, era semelhante aos objetos bizarros que descrevi no estudo "A diferenciação entre as personalidades psicótica e não psicótica" (Capítulo 5 deste volume). O paciente temia essas partículas ejetadas, pelo tratamento que lhes dispensara. Sentiu que havia uma indicação de que eu, provavelmente, era um objeto mau, que alienara sua capacidade de julgar – as nuvens de probabilidade. O paciente suspeitou que as nuvens de probabilidade eram persecutórias e hostis, levando-o a duvidar do valor da orientação que tais nuvens lhe proporcionavam. Podiam tanto supri-lo de uma avaliação correta como deliberadamente falsa, como sobre um fato ser uma alucinação ou vice-versa. Ou originariam aquilo que, do ponto de vista psiquiátrico, denomina-se delírios. As próprias nuvens de probabilidade tinham algumas qualidades de um seio primitivo; o paciente as sentia como enigmáticas e intimidadoras.

A sexta ilustração que forneci é o relato sobre um pedaço de metal que caiu ao chão. Não tive oportunidade de interpretar um aspecto do material com o qual o paciente já havia se tornado familiar. (Talvez eu deva dizer que a experiência me ensinou algo a respeito da existência de momentos nos quais assumi a familiaridade do paciente com algum aspecto de uma situação com a qual estávamos lidando, porém descobri que ele havia se esquecido – apesar do trabalho que havia sido feito sobre tal situação.) O aspecto familiar significativo para a compreensão deste episódio – que não interpretei – refere-se à evasão do paciente de sua inveja pela dupla parental, substituindo os pais por ele e por mim. Houve fracasso na evasão, pois inveja e ódio agora ficavam dirigidos contra ele e contra mim. O paciente sente que um casal envolvido em um ato criativo está compartilhando de uma experiência emocional invejável; como esse paciente também fica identificado com a parte excluída, tem uma experiência emocional dolorosa. Em muitas ocasiões, o paciente, em parte por meio de experiências do tipo que descrevi neste episódio, e em parte por motivos que aprofundarei mais tarde, odiou ter tido emoções; o que chega muito perto de odiar a própria vida. Esse ódio contribui para o ataque assassino contra aquilo que vincula o casal parental; contra o próprio casal; e contra o objeto gerado pelo casal. No episódio que descrevo, o paciente sofre as consequências de seus primeiros ataques ao estado mental que forma o vínculo relacional entre o casal criativo e sua identificação tanto com estados mentais de ódio como com estados mentais criativos.

Nessas duas últimas ilustrações, existem elementos que sugerem a formação de um objeto persecutório hostil, ou aglomeração de objetos, expressando hostilidade de um modo que tem grande importância para produzir a predominância de mecanismos psicóticos em um paciente. Essas características com as quais investi a aglomeração de objetos persecutórios têm a qualidade de um superego primitivo, e até mesmo assassino.

Curiosidade, arrogância e estupidez

95. No estudo "Arrogância" (Capítulo 7 deste volume), sugeri que a analogia de Freud, relacionando a psicanálise a uma investigação arqueológica, é útil se considerarmos que, em nosso trabalho como psicanalistas, expomos mais evidências a respeito de um desastre primitivo, e não tanto de uma civilização primitiva. O valor dessa analogia fica diminuído, pois, em análise, confrontamo-nos não exatamente com uma situação estática, que permite um estudo mais lento, mas com uma catástrofe que permanece vitalmente ativa e, ainda assim, incapaz de ser resolvida em tranquilidade. Há uma falta de progresso em qualquer direção; esta precisa ser atribuída, em parte, à destruição de uma capacidade para a curiosidade e, consequentemente, a uma incapacidade de aprender. No entanto, antes de avançar mais nesse tema, precisarei dizer algo sobre outro assunto, que quase não desempenha nenhum papel nas minhas ilustrações.

Ataques contra os vínculos relacionais originam-se daquilo que Melanie Klein denominou posição esquizoparanoide: um período dominado por relações com partes de um objeto, ou com objetos parciais (9). Caso possamos nos dar conta de que o paciente mantém uma relação de objeto parcial consigo mesmo, e também com objetos que não são o próprio paciente, tal visão contribui para a compreensão de sentenças do tipo "Parece-me", comumente empregadas por pacientes profundamente perturbados, nas ocasiões em que um paciente menos perturbado diria "Penso" ou "Acredito". Quando, frequentemente, os pacientes falam "Parece-me", referem-se a um sentimento – um sentimento "parece" – que é uma parte de sua psique e, ainda assim, não é observado como parte de um objeto total. A concepção de objeto parcial como análoga a uma estrutura anatômica, incentivada pelo emprego de imagens concretizadas como unidades de pensamento, é enganosa, pois um relacionamento com objetos parciais não ocorre apenas com estruturas anatômicas, mas com uma determinada função. Não é com anatomia, mas com fisiologia. Não é com um seio apenas, mas com nutrição, envenenamento, amar e odiar. Isso contribui para a impressão de um desastre – algo dinâmico, nunca estático. O problema que demanda ser resolvido neste nível inicial, embora superficial, precisa ser expresso em termos adultos pelo questionamento: "Por que ocorre isso?" ou "pois ocorre isso"; mas nunca pela pergunta "Por que ocorre isso?", já que culpa cliva o "porque", resultando em "por quê".[4] A solução de problemas depende de uma noção ou pré-consciente[5] sobre causalidade; não se pode sequer enunciar tal problema, e menos ainda, resolvê-lo. Produz-se uma situação na qual o paciente parece não ter nenhum tipo de problema, exceto aqueles apresentados pela existência de um psicanalista e um paciente. Sua preocupação se restringe às poucas funções que tem alguma noção, sem nunca poder apreender a totalidade composta pelas várias funções. A consequência dessa situação é que nunca há nenhuma dúvida sobre por que o paciente ou o psicanalista estão naquele local, ou por que algo é dito, feito ou sentido; nem pode haver qualquer questão que envolva uma tentativa de alterar causas de algum estado de mente. Novas dificuldades surgem, pois "o quê?" nunca poderá ser respondido quando falta um "como?" ou "por quê?". Vou deixar essa situação de lado para considerar os mecanismos empregados pela criança para resolver o problema "o quê?", quando esse problema é sentido na relação que um objeto parcial mantém com uma determinada função.

---

4 *Awareness*, no original. No caso, envolve dois sistemas do aparato psíquico: consciente e pré-consciente [N.R.].
5 *Awareness*, no original. [N.R.].

Negação de identificação projetiva quando feita em gradações normais

96. Emprego o termo "vínculo relacional" pois desejo discutir o relacionamento que um paciente tem com uma função, e não com um objeto que dá utilidade a uma função. Estou considerando não apenas o seio, ou pênis, ou pensamento verbal, mas as funções de seio, pênis e pensamento verbal de fornecer vínculos relacionais entre dois objetos.

Melanie Klein, em "Notas sobre mecanismos esquizoides" (7), discorre sobre a importância do exagero no emprego de clivagem e identificação projetiva em pessoas cuja personalidade esteja muito perturbada. Também fala a respeito da "introjeção de um objeto bom: em primeiro lugar, o seio materno" como uma "precondição para um desenvolvimento normal". Vou supor que exista um grau normal de identificação projetiva, sem definir os limites em que se encontra a normalidade, e que o alicerce sobre o qual se assenta o desenvolvimento normal ocorre quando uma identificação projetiva em grau normal se associa à identificação introjetiva.

Essa impressão deriva, parcialmente, de uma característica na análise de um paciente que me foi difícil de interpretar, pois em nenhum momento a análise parecia ser intrusiva o suficiente para que uma interpretação pudesse ser alicerçada em evidências convincentes. Ao longo da análise, o paciente recorreu à identificação projetiva com tal persistência que sugeria que nunca tivesse se utilizado desse mecanismo de um modo suficiente; havia sido roubado desse mecanismo, e a análise deu-lhe a oportunidade de exercitá-lo. Não foi necessário apenas confiar nessa impressão, pois anteriormente houve associações que me conduziram ao seguinte ponto de vista: algumas sessões levaram-me à suposição de que o paciente sentia haver algum objeto que lhe negava o uso de identificação projetiva. Nas ilustrações que dei, e particularmente na primeira (gagueira) e na quarta (a garota compreensiva e uma névoa azulada), há elementos que indicaram o sentimento do paciente: desejava que partes de sua personalidade pudessem encontrar repouso em mim, porém eu impedia seu ingresso; mas havia associações prévias a isso, conduzindo-me à essa visão.

Nos momentos em que o paciente se esforçou para se livrar do medo de morrer, sentido de tal modo poderoso que sua personalidade nunca poderia contê-lo, clivou esses medos e os colocou em mim. Aparentemente, a ideia seria que encontrasse guarida em minha pessoa por um tempo suficiente no qual minha psique os modificaria, permitindo que ele os reintrojetasse de modo mais seguro. Na ocasião a qual me refiro, o paciente sentiu, provavelmente por motivos semelhantes àqueles que forneço na quinta ilustração (nuvens de probabilidade), que eu os evacuava sentimentos de modo tão rápido, a ponto de não modificá-los, e desse modo, tornava-os ainda mais dolorosos.

Em períodos anteriores aos que retirei essas ilustrações, houve associações mostrando incremento na intensidade das emoções do paciente originadas naquilo que o paciente sentiu como minha recusa em aceitar partes de sua personalidade. Consequentemente, lutou, com desespero e violência sempre crescentes, para forçar a entrada dessas partes em mim. O comportamento do paciente, isolado do contexto da análise, poderia parecer uma expressão de agressão primária. Quanto mais violentas eram suas fantasias de identificação projetiva, mais assustado ficava em relação à minha pessoa. Houve sessões em que tal comportamento expressou agressão não provocada; estou citando essa série de sessões pois exibem o paciente sob uma luz diferente – sua violência como reação ao que ele sentia ser minha hostilidade defensiva. Construiu-se em minha mente uma situação analítica: estaria testemunhando uma cena extremamente precoce. Senti que o paciente havia experimentado na infância uma mãe obediente, sempre respondendo às manifestações emocionais do bebê. A resposta obediente tinha em si um elemento de impaciência: "Não sei o que há de errado com essa criança". Minha dedução foi que, para entender o que a criança queria, a mãe deveria ter tratado o *choro* do bebê como algo maior do que uma exigência de sua presença. Do ponto de vista do bebê, a mãe deveria ter absorvido e, portanto, experimentado o medo de que a criança estivesse morrendo. Foi esse o medo impossível de ser contido pela criança. Esforçou-se por clivá-lo, junto à parte da personalidade no qual repousava, e projetá-lo para dentro da mãe. Uma mãe compreensiva fica capacitada para experimentar o sentimento de terror, que este bebê estava tentando enfrentar por meio de identificação projetiva, e ainda assim manter uma perspectiva equilibrada. O paciente teve que lidar com uma mãe intolerante diante da vivência de tais sentimentos, reagindo por meio de negar seu ingresso. Ou, alternativamente, tornando-se presa da ansiedade resultante da introjeção de sentimentos do bebê. Penso que a última reação deve ter sido rara: o predomínio foi de negação.

Toda essa reconstrução parecerá excessivamente fantasiosa para alguns. Não me parece forçada; constitui-se como resposta a todos que coloquem objeções à ênfase excessiva na transferência, excluindo uma elucidação adequada das memórias primitivas.

Pode-se observar uma situação complexa em análise. O paciente sente ter uma oportunidade que, até então, lhe fora roubada; redobra-se agudamente a pungência de sua privação; e o mesmo ocorre com sentimentos de ressentimento pela privação. A gratidão pela oportunidade coexiste com a hostilidade ao psicanalista como pessoa, que não compreende e recusa-se a permitir que o paciente use o único meio de comunicação pelo qual ele sente poder se fazer compreender. Assim, o vínculo relacional entre paciente e analista, ou entre lactente e seio, é o mecanismo de identificação projetiva. Os ataques destrutivos a esse vínculo originam-se de uma fonte externa ao paciente ou bebê, a saber, um psicanalista ou um seio. O resultado é o excesso de identificação projetiva por parte do paciente e uma deterioração de seus processos desenvolvimentais.

Não estou propondo que se considere esta experiência como se fosse a causa do distúrbio do paciente; encontramos maior fonte na disposição inata da criança, conforme descrevi no estudo "A diferenciação entre personalidade psicótica e não-psicótica" (Capítulo 5 deste volume). Considero esse experiência como característica central do fator ambiental que produz a personalidade psicótica.

Antes de discutir essa consequência para o desenvolvimento do paciente, preciso referir-me às características inatas e ao papel por elas desempenhado na produção que a criança faz de ataques a tudo o que a vincula ao seio, ou seja, inveja e agressões primárias. Caso a mãe exiba a mesma falta de receptividade que descrevi, incrementa-se a seriedade desses ataques; fica diminuída, mas não abolida, se a mãe pode introjetar os sentimentos do bebê e manter-se equilibrada (10). A seriedade permanece porque a criança psicótica fica dominada por ódio e inveja da capacidade da mãe em manter um estado de mente confortável, ainda que esteja vivenciando os sentimentos do bebê. Isso foi claramente revelado por um paciente que insistiu que eu deveria passar por isso, estando com ele, mas ficou cheio de ódio quando sentiu que eu era capaz de fazê-lo sem ter sofrido um colapso. Temos aqui outro aspecto destrutivo dos ataques ao vínculo – constituindo-se como vínculo a capacidade do psicanalista de introjetar as identificações projetivas do paciente. Ataques ao vínculo, portanto, são sinônimos de ataques a estados de tranquilidade psíquica no analista;

originalmente, ataques a estados de tranquilidade psíquica na mãe. Inveja e ódio transformam a capacidade de introjetar do paciente em um devoramento ávido de sua própria psique; e, de modo similar, tranquilidade psíquica transforma-se em indiferença hostil. É nesse ponto que emergem problemas analíticos, pelo emprego que o paciente faz de *acting out*, expresso por ameaças de suicídio e atos delinquenciais.

Consequências

97. Sumarizando as principais características expostas até agora: há uma dupla origem na perturbação. De um lado, há uma disposição inata para inveja, ódio e destrutividade; de outro lado, na pior das hipóteses, há um ambiente negando continuamente que o paciente se utilize dos mecanismos de clivagem e identificação projetiva. Em algumas ocasiões, os ataques destrutivos aos vínculos que relacionam o paciente e seu ambiente, ou vínculos relacionando aspectos de sua personalidade, originam-se do paciente. Em outras ocasiões, de sua mãe. Ainda que nesse último caso, e também em psicóticos, nunca possam ser originados apenas pela mãe. Os distúrbios começam com a própria vida, que oferece um problema a ser enfrentado: o que seriam os objetos a respeito dos quais a pessoa se torna ciente? Na verdade, esses objetos internos ou externos são objetos parciais, e predominantemente, embora não exclusivamente, são aquilo que precisaríamos chamar de funções – não de estruturas morfológicas. Fato obscurecido, pois o pensamento do paciente fica guiado por meio de objetos concretos, produzindo na mente sofisticada do psicanalista uma impressão de que o paciente considera a natureza de objetos concretos. O paciente investiga por identificação projetiva a natureza das funções que estimulam sua curiosidade. Entre essas funções, estão seus próprios sentimentos, poderosos demais para serem contidos por sua personalidade. Nos casos em que há uma personalidade suficientemente forte para conter os próprios sentimentos, torna--se possível utilizar identificação projetiva para investigá-los. Negar-se o uso desse mecanismo, seja pela recusa da mãe em servir de repositório dos sentimentos do bebê, seja pelo ódio e inveja do paciente, não permitindo que a mãe exerça essa função, leva à destruição do vínculo entre a criança e o seio – e, consequentemente, a um sério distúrbio do impulso à curiosidade, do qual depende todo tipo de aprendizado. Portanto, prepara-se um caminho em que há uma grave interrupção do desenvolvimento. Além disso, graças à negação do principal método aberto para que um bebê lide com emoções muito poderosas, a conduta da vida emocional, que é sempre um problema sério, torna-se intolerável. Sentimentos de ódio ficam direcionados contra todas as emoções, incluindo o próprio ódio, e contra a realidade externa que as estimula. É um pequeno passo do ódio às emoções para o ódio à própria vida. Afirmei em "A diferenciação entre personalidade psicótica e não-psicótica" (Capítulo 5 deste volume) que esse ódio resulta no recurso à identificação projetiva de todo o aparato perceptivo, incluindo um tipo de pensamento embrionário que forma um vínculo entre impressões sensoriais e o estado de estar consciente. Quando os instintos de morte prevalecem, reforça-se uma tendência para identificação projetiva excessiva.

Superego

98. Esse tipo de funcionamento mental que estou descrevendo afeta o desenvolvimento inicial do superego; reitero que o vínculo entre o seio e a criança depende de uma capacidade de introjetar identificação projetiva e do exercício de identificação projetiva. O fracasso em introjetar faz com que o objeto externo pareça intrinsecamente hostil à curiosidade e também ao método – identificação projetiva – por meio do qual a criança tenta satisfazer sua própria curiosidade. Caso um bebê sinta o seio como basicamente compreensivo, será transformado, pela ação de inveja e ódio, em um objeto cuja avidez voraz tem como objetivo a introjeção de todas as identificações projetivas da criança com o intuito de destruí-las. Pode-se demonstrar essa situação na crença de que o psicanalista que tenta compreender o paciente o faz com o intuito de deixá-lo louco. O resultado é um objeto que, ao ser instalado no paciente, exerce a função de um superego severo e destrutivo do ego. Essa descrição não se aplica acuradamente a nenhum objeto na posição esquizoparanoide, ao supor a existência de um objeto total. Há uma ameaça iminente nesse tipo de objeto total, contribuindo para a incapacidade do paciente psicótico de enfrentar a posição depressiva, e de obter os desenvolvimentos associados à posição depressiva, descritos por Melanie Klein e outros autores (6, 10, 11). Na posição esquizoparanoide, predominam objetos bizarros compostos de elementos de um superego perseguidor, que descrevi no estudo "A diferenciação entre personalidade psicótica e não-psicótica" (Capítulo 5 deste volume).

Interrupção no desenvolvimento

Todo o aprender depende da curiosidade, que fica perturbada pela negação do mecanismo de identificação projetiva, por meio do qual a curiosidade procura se expressar. Essa conjunção torna impossível que haja um desenvolvimento normal. Se ocorrer um curso favorável na análise, haverá a interferência de outra característica: esse paciente não poderá formular problemas que na linguagem mais desenvolvida são colocadas pela pergunta "Porque?", parece que o paciente não tem a menor apreciação a respeito de causalidades; reclamará de estados dolorosos de mente enquanto persistir em ações calculadas para produzir esses estados de dor. Portanto, assim que houver o momento exato no qual um material apropriado emerja, será necessário mostrar ao paciente seu próprio desinteresse em saber por que se sente assim. Quando se elucida a magnitude da limitação do escopo da curiosidade do paciente, aparece um leque maior para que haja desenvolvimento; e uma preocupação incipiente com os motivos dos eventos; em consequência, há modificações na conduta que anteriormente prolongava-lhe a angústia.

Conclusão

99. As conclusões principais deste estudo referem-se a um estado de mente no qual a psique do paciente contém um objeto interno destrutivo a todo e qualquer vínculo relacional, pois opõe-se a eles – desde o mais primitivo (um grau normal de identificação projetiva, conforme sugeri) até as formas de comunicação verbal, incluindo atividades artísticas.

Nesse estado de mente, odeia-se todo e qualquer tipo de emoção; sente-se ter emoções é um estado mental excessivamente poderoso, e o aparato psíquico[6] imaturo não pode contê-lo, pois a pessoa sente que emoções vinculam objetos, e dão realidade para objetos que não são a própria pessoa[7] – hostilizam, portanto, o narcisismo primário.

Originalmente, o objeto interno foi um seio externo que se recusou a introjetar, a albergar e, portanto, a força perniciosa da

---

6 *Psyche* no original [N.T.].
7 *Self* no original [N.T.].

emoção nociva. Essas pessoas, em que prevalece a personalidade psicótica, ao criar essa condição, sentem, de modo paradoxal, que o seio que faz tais recusas intensifica as emoções contra as quais se iniciaram os ataques contra a potência do ego. Esses ataques sobre a função vinculativa das emoções conduzem a uma prevalência de vínculos que pareceriam ser quase matematicamente lógicos, mas nunca emocionalmente razoáveis. Há vínculos emocionais que sobrevivem a esse ataques, mas tornam-se estéreis, cruéis e perversos.

Deixo para o futuro, um trabalho onde estudo a natureza de um objeto externo que possa ser internalizado, contendo também efeitos de um objeto internalizado sobre os métodos de comunicação que ocorrem internamente ao aparato psíquico e também com o ambiente externo.[8]

Referências

1. Bion, W. R. (1954). Notes about a theory of Schizophrenia. *International Journal of Psycho-analysis, 35*(2).

2. Bion, W. R. (1956). Development of Schizophrenic Thought. *International Journal of Psycho-analysis, 37*.

3. Bion, W. R. (1957). The differentiation between psychotic and non-psychotic personality. *International Journal of Psycho-analysis, 38*(3-4).

4. Bion, W. R. (1957). On arrogance. In *Int. Psycho-An. Congress*.

---

8 Esse trabalho posterior se inicia no estudo hipotético a respeito de uma teoria do pensar (Capítulo 9 deste volume) e se completa no livro *Aprender da experiência* (Blucher, 2021) [N.T.].

5. Klein, M. (1928). Early stages of the Oedipus conflict. In M. Klein, *Contributions to Psycho-Analysis*. London: Hogarth Press.

6. Klein, M. (1934). A Contribution to the Psychogenesis of Manic-Depressive States. 13th Int. Psycho-An. Congress, 1934.

7. Klein, M. (1946). Notes on some schizoid mechanisms. In M. Klein, P. Heimann, S. Isaacs & J. Riviere ((Eds.), *Developments in Psychoanalysis*. London: Routledge.

8. Klein, M. (1948). The Theory of Anxiety and Guilt. *Int. J. Psycho-Anal.*, 29.

9. Klein, M. (1957). *Envy and gratitude*, Chap II. Londres: Tavistock Publications.

10. Rosenfeld, H. (1952). Notes about a Supergo Conflict in an Acute Schizophrenic Patient, *Int. f. Psycho-Anal.*, 33.

11. Segal, H. (1950). Some aspects in the analysis of a Schizophrenic, *International Journal of Psycho-analysis*, 31(4).

12. Segal, H. (1956). Depression in the schizoprenic, *International Journal of Psycho-analysis*, 37(4-5).

13. Segal, H. (1957). Notes on symbol Formation, *International Journal of Psycho-analysis*, 38(6).

9. Uma teoria do pensar[1]

100. O estudo que se segue consiste, primariamente, em um sistema teórico. Há uma semelhança desse sistema com uma teoria filosófica, pois alguns filósofos se ocuparam do mesmo assunto. No entanto, a intenção do sistema teórico, idêntica à de toda e qualquer teoria psicanalítica, é de que seja utilizável; intenção que difere basicamente dessa teoria filosófica. Concebi-a com a intenção de que os psicanalistas praticantes possam corrigir as várias hipóteses componentes dessa teoria conforme os termos dos dados práticos empiricamente verificáveis.

Nesse sentido, a teoria que se segue mantém o mesmo tipo de relacionamento com enunciados similares provenientes da filosofia cujos relacionamentos de enunciados da matemática aplicada mantém com a matemática pura.

Hipóteses derivadas dessa teoria admitirão testes empíricos. Em menor medida, um teste sobre o próprio sistema teórico. Portanto, as hipóteses seguintes terão um relacionamento com fatos

---

[1] *International Journal of Psycho-analysis*, 43(4-5), 1962.

observados durante uma psicanálise idêntico ao relacionamento que enunciados de matemática aplicada mantêm com matemática pura. Por exemplo: um círculo que seja desenhado sobre uma folha de papel relaciona-se ao círculo que seja descrito matematicamente.

Minha intenção também inclui a possibilidade de que esse sistema teórico seja aplicável a um número significativo de casos. Portanto, é necessário que o psicanalista que for aplicar essa teoria do pensar específica tenha experimentado as contrapartes na realidade[2] que se aproximem dessa mesma teoria.

Não atribuo nenhuma importância diagnóstica à teoria; entretanto, penso que possa ser aplicada a todo e qualquer distúrbio no pensar que se acredite existir. Sua importância diagnóstica dependerá do padrão formado pela conjunção constante de um determinado grupo de teorias – das quais a presente teoria faça parte.

Poderá ser útil explicar essa teoria se examinarmos o pano de fundo de experiências emocionais a partir das quais abstraí a teoria. Vou fazê-lo de modo geral, sem qualquer tentativa de rigor científico.

101. Será conveniente que possamos considerar o ato de pensar como dependente do sucesso de dois desenvolvimentos psíquicos bem-sucedidos; o primeiro deles é o desenvolvimento de pensamentos; uma ação que requer um aparato que possa lidar com esses pensamentos; uma ação que requer um aparato que possa lidar com esses pensamentos; em consequência, o segundo desenvolvimento é justamente o desse aparato. Que, provisoriamente, denominarei aparato de pensar. Reitero: o pensar é convocado a existir, para que se possa lidar com pensamentos.

---

2 *Realizations* no original [N.T.].

Pode-se notar que essa teoria do pensar difere de qualquer outra teoria na qual o pensamento seja visto como se fosse um produto do pensar, já que, na presente teoria, o pensar é um desenvolvimento que foi imposto sobre o aparato psíquico[3] pela pressão de pensamentos – e não o contrário. Pode-se associar desenvolvimentos psicopatológicos a qualquer uma dessas duas fases ou a ambas; podem estar relacionados a um colapso no desenvolvimento dos pensamentos, ou um colapso no desenvolvimento do aparato para "pensar" ou lidar com os pensamentos; ou ambos.

Pode-se classificar "pensamentos" de acordo com a genética de seu desenvolvimento: pré-concepções, concepções ou pensamentos, e, finalmente, conceitos. Esses últimos são designáveis, tornando-se então concepções fixas ou pensamentos fixos. A conjunção de uma pré-concepção com uma realização[4] inicia uma concepção. Em psicanálise, pode-se considerar que pré-concepção é análoga a um conceito formulado por Kant, a respeito de "pensamentos vazios". Podemos usar um modelo psicanalítico, o de uma teoria na qual a criança possui uma disposição inata, correspondendo a uma expectativa de que haja um seio. Quando uma pré-concepção é posta em contato com uma realização que se aproxime dela, o desfecho mental é uma concepção. Em outras palavras, quando o bebê é posto em contato com um seio, a pré-concepção (a expectativa inata de um seio, o conhecimento *a priori* de um seio, um "pensamento vazio") casa-se à percepção da realização; e é sincrônica com o desenvolvimento de uma concepção. Tal modelo tem serventia para uma teoria na qual toda comunhão de uma pré-concepção com sua realização produz uma concepção. Portanto,

---

3 *Psyche* no original [N.T.].
4 *Realization* no original. A pessoa torna real, para si mesma, alguma contraparte na realidade que já existe. Uma versão possível é o termo apreensão. O termo realização consagrou-se pelo uso, como anglicismo. O inglês tornou-se a segunda língua em boa parte do mundo, nos últimos quarenta anos [N.T.].

espera-se que concepções estejam conjugadas, de modo constante, com uma experiência emocional de satisfação.

Vou limitar o termo "pensamento" ao casamento de uma pré-concepção com uma frustração. O modelo que proponho é o de um bebê cuja expectativa de um seio acasala-se, na realidade, com a situação de que inexiste qualquer seio disponível para satisfazer essa pré-concepção. O acasalamento é experimentado como um não-seio, ou um seio interno "ausente". O próximo passo dependerá da capacidade para frustração; em particular, depende de qual será a decisão: evadir-se da frustração ou modificá-la.

Se houver uma capacidade suficiente de tolerância à frustração, o "não-seio" interno torna-se um pensamento; desenvolve-se um aparato para "pensá-lo". Em *Formulações sobre os dois princípios do funcionamento mental* (1911), Freud descreve um estado sob dominância do princípio da realidade – sincrônico ao desenvolvimento de uma capacidade para pensar, e transpor o abismo de frustração entre o momento no qual se sente uma necessidade e o momento no qual alguma ação adequada para satisfazer tal necessidade culmina com satisfação. Assim, uma capacidade para tolerar frustração capacita o desenvolvimento do aparato psíquico de um modo que a frustração que já foi tolerada torna-se, por si mesma, ainda mais tolerável.

Se a capacidade para tolerar frustração for inadequada, o "não-seio" interno mau, que uma personalidade capaz de maturação reconhece, de modo último, como um pensamento, confronta o aparato psíquico com a necessidade de decidir entre evasão da frustração ou modificação da frustração.

A incapacidade para tolerar frustração cria a tendência de evadir-se da frustração. O resultado é um abandono importante dos eventos descritos por Freud como característicos da etapa em que há prevalência do princípio da realidade. Aquilo que deveria ter sido um pensamento – o produto da justaposição de uma pré-concepção com uma realização negativa – torna-se um objeto mau, indistinguível de uma coisa-em-si-mesma, que serve apenas para ser evacuado. Desse modo, perturba-se o desenvolvimento do aparato para pensar, substituído por um desenvolvimento hipertrófico do aparato para identificação projetiva. O modelo que proponho para o desenvolvimento desse aparato de identificação projetiva é o de um aparato psíquico sob um princípio de que a evacuação de um seio mau é sinônima a obter sustento de um seio bom. Resulta disso que todos os pensamentos serão tratados como indistinguíveis de um objeto interno mau. Sente-se que o aparato para pensar não é o mecanismo adequado para pensar os pensamentos, e sim para libertar o aparato psíquico do acúmulo de objetos internos maus. O ponto crucial é a decisão entre modificação da frustração ou evasão da frustração.

102. Elementos matemáticos – linhas, pontos, círculos, e algo correspondente ao que posteriormente se torna conhecido sob o nome de números – derivam da apreensão[5] do fato de que existem dois, de uma dualidade. Por exemplo, um seio e um bebê, dois olhos, dois pés, e assim por diante.

Se não houve uma grande intolerância à frustração, o objetivo que governa o aparato psíquico será a modificação. O desenvolvimento de concepções é análogo ao desenvolvimento de elementos matemáticos, ou, usando a denominação de Aristóteles, objetos matemáticos.

Quando prevalece a intolerância à frustração, tomam-se passos para que se evada da percepção da realização via ataques destrutivos à realidade. Formam-se concepções matemáticas na mesma extensão em que haja o acasalamento entre pré-concepção

---

5 *Realization* no original [N.T.].

e uma realização, mas essas concepções matemáticas são tratadas como indistinguíveis de coisas-em-si-mesmas, sendo evacuadas em altíssima velocidade, como se fossem mísseis para aniquilar realizações de espaço. Na medida em que espaço e tempo são percebidos como idênticos a um objeto mau que está sendo destruído, ou seja, um não-seio, não ficará disponível uma realização para se acasalar à pre-concepção e completar as condições necessárias para a formação de uma concepção. O predomínio de identificação projetiva confunde a distinção entre o *self* e o objeto externo. Esse estado contribui para a falta de qualquer tipo de percepção de uma dualidade, já que o reconhecimento da distinção entre sujeito e objeto depende da noção consciente[6] sobre dualidade.

A relação com o tempo foi claramente revelada para mim por um paciente que ficava dizendo repetidamente estar perdendo tempo – e continuava a perder tempo. O objetivo do paciente é destruir o tempo desperdiçando-o. O chá do Chapeleiro Maluco em *Alice no País das Maravilhas* ilustra as consequências – são quatro horas da tarde o tempo todo.

A incapacidade de tolerar frustração pode obstruir o desenvolvimento de pensamentos e de uma capacidade para pensar – ainda que uma capacidade para pensar possa diminuir um sentido de frustração intrínseco à avaliação da lacuna que existe, entre um desejo e sua satisfação. A concepção, ou seja, o desfecho de um acasalamento entre a pré-concepção e sua realização, repete a história da pré-concepção de forma mais complexa. Uma concepção não encontra, necessariamente, uma realização que dela se aproxime o bastante, a ponto de satisfazê-la. Se for possível tolerar a frustração, a reunião entre uma concepção e uma realização, seja negativa ou positiva, inicia os procedimentos necessários para um aprender pela experiência. Caso a intolerância à frustração não seja muito

---

6 *Awareness* no original [N.T.].

poderosa para ativar mecanismos de evasão, e mesmo assim seja poderosa demais para tolerar o domínio do princípio da realidade, a personalidade desenvolve onipotência como substitutiva para o casamento de uma pré-concepção ou concepção com a realização negativa delas. Isso envolve o pressuposto de que onisciência é uma substituição do aprender da experiência, com a ajuda de pensamentos e do pensar. Inexiste qualquer tipo de atividade psíquica que possa discriminar aquilo que é verdadeiro daquilo que é falso. A onisciência substitui por um enunciado ditatorial, de que algo é moralmente certo e outro algo é moralmente errado; substitui o ato de discriminar verdade de falsidade. O pressuposto de onisciência que nega aquilo que é real, que nega a própria realidade, assegura o engendramento de moralidade como função da psicose. O ato de discriminar entre verdade e falsidade é uma função da parte não-psicótica da personalidade, e de seus fatores. Há, portanto, um conflito entre uma asserção sobre a existência de verdade e outra asserção, a de superioridade moral. O extremismo de uma infecta a outra.

103. Algumas pré-concepções referem-se a expectativas do *self*. O aparato de pré-concepções é adequado para realizações que se enquadram na estreita faixa de circunstâncias adequadas à sobrevivência da criança. Uma circunstância que afeta a sobrevivência é a personalidade do próprio bebê. Normalmente, o gestor da personalidade da criança e de outros elementos do ambiente é a mãe. Se existe um ajuste mútuo entre mãe e criança, a identificação projetiva possui o papel de administrar esse ajuste, por meio de um senso de realidade rudimentar e frágil; a identificação projetiva, usualmente uma fantasia onipotente, vai operar de modo realístico nesta fase de desenvolvimento emocional. Inclino-me a acreditar que isso seja sua condição normal. Quando Melanie Klein nos diz a respeito de identificação projetiva "excessiva", penso ser necessário compreender o fato de que a aplicação do termo "excessiva" abrange não apenas a frequência pela qual se emprega identificação projetiva, mas o excesso de crença em onipotência. Como atividade realística, a identificação projetiva demonstra ser um comportamento calculado razoavelmente para originar sentimentos na mãe de que a criança deseja ficar livre. Se a criança se sente morrendo, pode originar, na mãe, esses mesmos sentimentos. Mães que adquiram equilíbrio podem aceitar esses sentimentos de medo e responder terapeuticamente a eles: isso equivale a dizer que reage de um modo que faz com que a criança sinta estar recebendo de volta sua própria personalidade aterrorizada, mas de uma forma que pode ser tolerada – os medos ficam administráveis pela personalidade infantil. Se a mãe não pode tolerar essas projeções, a criança ficará reduzida a efetuar continuamente identificações projetivas, levando-as a cabo com incrementos na força e na frequência. O incremento na força parecerá despojar a projeção de sua penumbra de significados. A reintrojeção será efetuada com força e frequência semelhantes. Deduzindo os sentimentos do paciente a partir do seu comportamento na sala de análise, e usando essas deduções para formular um modelo: a criança, no meu modelo, não se comporta de um modo que eu, na maioria das vezes, esperaria que fosse o comportamento de um adulto que está pensando; comporta-se como se sentisse que se houvesse construído um objeto interno com características de um "seio" idêntico a uma vagina ávida, despojando de bondade tudo que poderia ser dado, ou recebido pela criança – deixando-lhe apenas objetos degenerados. Esse objeto interno deixa seu hospedeiro em estado de inanição quanto a todo e qualquer tipo de compreensão que possa ser colocada disponível. A análise mostra que esse paciente parece incapaz de aprender algo que provenha do ambiente, e, portanto, de seu psicanalista. As consequências desse estado para o desenvolvimento de uma capacidade para pensar são sérias; descreverei apenas uma: o desenvolvimento precoce de um estado de consciência. (Por um "estado de consciência" quero dizer, neste contexto, o mesmo que

Freud descreveu como "um órgão sensorial para a percepção de qualidades psíquicas".)[7]

104. Descrevi anteriormente (em um encontro científico na Sociedade Britânica de Psicanálise) o uso de um conceito – função alfa – como ferramenta de trabalho na análise de distúrbios de pensamento. Pareceu-me conveniente supor que há uma função alfa para converter os dados sensoriais em elementos alfa, com o intuito de fornecer ao aparato psíquico o material para os pensamentos oníricos; e, consequentemente, para haver capacidade de acordar ou de dormir; de estar consciente ou inconsciente. De acordo com essa teoria, a consciência depende da função alfa; a suposição sobre a existência de tal função torna-se uma necessidade lógica se quisermos supor que o *self* pode ser consciente de si mesmo, no sentido de conhecer a si mesmo, a partir de uma experiência de si mesmo. No entanto, se houver um fracasso no estabelecimento de uma relação entre uma criança e sua mãe que torne possível uma identificação projetiva normal, haverá um impedimento para que a função alfa se desenvolva, portanto, não haverá diferenciação entre elementos conscientes e inconscientes.

Evita-se essa dificuldade se restringirmos ao significado atribuído por Freud o termo "consciência". Caso utilizemos o termo "consciência" nesse sentido restrito, poderemos supor que essa consciência produz "dados sensoriais" do *self*, mas pode não existir função alfa para converter esses dados sensoriais em elementos alfa, e, portanto, pode não haver permissão para exercer-se a capacidade de estar consciente ou inconsciente do *self.* A personalidade

---

[7] Bion recorre à hipótese de Freud a respeito da função do sistema consciente, constante no *Projeto para uma psicologia científica* de 1895 e expandido em *A interpretação dos sonhos:* "Em nosso esquema teórico, qual papel restaria para ser desempenhado pela outrora onipotente consciência, que escondia todo o resto de nossa visão? *Apenas o de um órgão sensorial para a percepção de qualidades psíquicas*" (Freud, 1900, *SE*, p. 615) [N.T.].

do bebê não é capaz de fazer, por si mesma, uso dos dados sensoriais; precisa evacuar esses elementos para dentro da mãe, contando com ela para fazer tudo o que for necessário com a finalidade de convertê-los em elementos alfa, sob forma adequada para que sejam usados pelo bebê.

No bebê, todas as impressões do *self* são conscientes e, portanto, têm o mesmo valor; estou considerando o termo consciência em um sentido restrito, definido por Freud, que estou tentando usar para definir uma consciência rudimentar dos bebês: não fica, ainda, associada a um inconsciente. A colheita das sensações efetuada pelo sistema consciente do bebê a respeito de si mesmo depende de uma capacidade da mãe para rêverie, que é o o órgão de percepção para essa colheita.

Um sistema consciente rudimentar não poderia realizar as tarefas que normalmente consideramos como o âmbito da consciência; seria enganoso tentar retirar o termo "consciente" da esfera do uso comum, no qual esse termo se aplica às funções mentais de grande importância no pensamento racional. Faço essa distinção, nesse momento, apenas para mostrar o que ocorre no caso de um colapso da interação do bebê com sua mãe – interação que se dá por meio de identificações projetivas entre uma consciência rudimentar e a *rêverie* maternal.

Um bebê tem um sentimento – por exemplo, de que está morrendo. No caso em que o relacionamento entre esse bebê e um seio permita que o bebê projete esse sentimento para dentro de sua mãe, e, ao seguinte, o mesmo sentimento, após ter sido abrigado pelo seio, torne-se tolerável para o aparato psíquico dessa criança e, portanto, pela criança, seguir-se-á um desenvolvimento normal. Quando a mãe não aceita tal sentimento, a criança sente que seu sentimento de estar morrendo fica despojado do significado que tivera. Ao ser reintrojetado, não será um medo de morrer tornado tolerável, mas um terror sem nome.

Se houver um colapso na capacidade materna para *rêverie*, impede-se que se concluam as tarefas maternais; o resultado disso é tarefas inacabadas, relacionadas à correlação, que ficam impostas à consciência rudimentar do bebê.

Uma consciência rudimentar não suporta tal fardo. A implicação do fato de que se instala dentro do bebê um objeto que rejeita identificações projetivas é que, ao invés de se constituir um objeto compreensivo, o bebê torna-se dotado de um objeto que intencionalmente faz distorções na compreensão – com o qual esse bebê fica identificado. Além disso, as qualidades psíquicas desse bebê serão percebidas por uma consciência precoce e frágil.

105. Pode-se considerar que o aparato disponível para a psique é quadruplo:

1. *Pensar*, associado à modificação ou evasão de frustrações.

2. *Identificação projetiva*, associada com evasão por evacuação; não confundi-la com identificação projetiva normal (idêntica[8] à identificação projetiva "realística").

3. *Onisciência* (segundo o princípio de saber de tudo, condenar tudo – *tout savoir tout condamner*[9]).

4. *Comunicação*.

---

8 *Para 100* no original: cem por cento. [N.T.]
9 Francesca Bion concordou com uma sugestão desse tradutor, de que a citação em francês (no original) é uma referência ao pensamento de Jean Rostand, um biólogo e divulgador de teoria científica, contemporâneo de Bion, cujas máximas tornaram-se senso comum na *intelligentsia* europeia no século passado. Rostand foi denominado de "o homem da verdade". O texto contêm uma compactação de "*attendre d'en savoir assez pour agir en tout le lumiére c ést se condemner a l'inaction*", ou "tentar saber de tudo para só agir quando tiver toda iluminação possível, é condenar-se à inação". Foi publicada em alguns livros, nos anos 1930 [N.T.].

O exame do aparelho que classifico como quadrifuncional demonstra sua destinação final: lidar com pensamentos, no sentido lato do termo, isto é, incluindo todos os objetos que descrevi: concepções, pensamentos, pensamentos oníricos, elementos alfa e elementos beta, como se todos esses objetos demandassem algum tipo de tratamento, pois (a) de algum modo continham ou expressavam um problema; (b) esses objetos, em si mesmos, eram considerados excrescências indesejáveis da psique, demandando assim atenção – eliminação, de um modo ou de outro.

106. Fica evidente que essas expressões de um problema demandam um aparato que desempenhe a mesma função de preenchimento da lacuna entre o reconhecimento da falta e a ação para sanar tal falta. Função essa desempenhada pela função alfa, que preenche a lacuna entre os dados sensoriais e a apreciação dos dados sensoriais. (Nesse contexto, incluo a percepção das qualidades psíquicas – que demandam o mesmo tratamento requerido pelos dados sensoriais.) Em outras palavras, assim como é necessário modificar dados sensoriais, pelo trabalho da função alfa, para torná-los disponíveis para pensamentos oníricos etc., pensamentos também precisam ser trabalhados, tornando-os então disponíveis para serem traduzidos em ação.

O ato de converter pensamentos em ação envolve senso comum, comunicação e publicação. Até o momento, evitei detalhar esse aspecto do pensamento, embora esteja implícito na discussão. Pelo menos um deles – correlação – ficou explicitamente esboçado.

O ato de publicar, em sua origem, pode ser considerado como pouco mais do que uma das funções do pensamento: disponibilizar dados sensoriais para a consciência. Desejo reservar o termo "publicar" para operações necessárias que tornem uma consciência privada (uma consciência que seja privada para o indivíduo) em uma consciência pública. Podemos considerar os problemas envolvidos de dois modos: técnicos e emocionais. Os problemas emocionais estão associados ao fato de que o indivíduo humano é um animal político; não pode encontrar satisfação fora de um grupo; nem pode satisfazer qualquer impulso emocional que esteja destituído da expressão de seu componente social. Seus impulsos – estou querendo dizer todos os impulsos, e não apenas os sexuais – são, simultaneamente, narcisistas. Portanto, o problema será resolver o conflito entre narcisismo e social-ismo. O problema técnico diz respeito à expressão do pensar, ou da concepção – sob forma de linguagem ou sinais.

Tudo isso me traz à comunicação. Em sua origem, a comunicação se faz por meio de identificação projetiva realística. Vimos que o procedimento infantil primitivo passa por várias vicissitudes, incluindo a degradação por meio da hipertrofia de identificação projetiva, que se constitui como fantasia onipotente. A identificação projetiva é suscetível de desenvolvimento, caso haja uma boa relação com o seio, em uma capacidade do *self* para tolerar suas próprias qualidades psíquicas. Desse modo, abre-se um caminho para a função alfa e o pensamento normal. Mas a identificação projetiva também se desenvolve como parte da capacidade de um indivíduo de tornar-se um ser social – um desenvolvimento de grande importância na dinâmica de um grupo. Não tem recebido, praticamente, nenhuma atenção; mas, caso ficasse ausente, tornaria impossível qualquer tipo de comunicação; inclusive uma comunicação científica. Ainda assim, a presença desse desenvolvimento pode despertar sentimentos de perseguição nos receptores da comunicação. A necessidade de diminuir sentimentos de perseguição contribui para o impulso à abstração nas formulações de comunicação científica. A função dos elementos de comunicação – palavras e sinais – é transmitir, seja por meio de substantivos únicos, ou em agrupamentos verbais, que alguns fenômenos se encontram constantemente conjugados, no padrão determinado por seus relacionamentos.

Uma função importante da comunicação é obter correlação. Enquanto a comunicação ainda é uma função privada, pensamentos e concepções e a verbalização deles são necessários para facilitar a conjunção de um determinado conjunto de dados sensoriais a outro conjunto. Se houver harmonização nessa conjugação de dados, experimenta-se um senso de verdade; é desejável que se providencie uma expressão para o senso de verdade assim obtido por meio de um enunciado análogo a enunciados funcionais de verdade. Havendo deficiência em obter-se essa conjunção de dados sensoriais e, portanto, em obter-se uma visão de senso comum, induz-se um estado mental de debilidade no paciente – como se a inanição por falta de verdade fosse, de algum modo, análoga à inanição por fome alimentar. A verdade de um enunciado não implica a existência de alguma realização que se aproxime do enunciado.

Estamos agora em condições de prosseguir nas considerações sobre a relação de um estado de consciência rudimentar com qualidades psíquicas. Emoções preenchem, na psique, uma função semelhante à dos sentidos em relação a objetos no espaço e no tempo. Equivale a dizer que a contraparte de uma visão de senso comum no conhecimento privado é uma visão emocional comum; experimenta-se um senso de verdade caso a visão de um objeto que esteja sendo odiado possa ser conjugada com a visão desse mesmo objeto quando esteja sendo amado, confirmando então que esse objeto, experimentado por diferentes emoções, é o mesmo e um único objeto. Estabelece-se uma correlação.

107. Uma correlação semelhante é possibilitada quando alicerçamos os fenômenos no consultório à consciência e ao inconsciente, dando, em consequência, uma realidade inconfundível a objetos psicanalíticos – ainda que sua própria existência tenha sido contestada.

10. Comentário[1]

O capítulo "O gêmeo imaginário" contém distorções a respeito do passado de um paciente, com o intuito de impedir que esse ou alguém que tenha conhecido pense que o escrito se refere a esse paciente. Intuito esse que subestima o poder dos boatos e suspeitas.

Caso julgue-se que houve eficácia nas distorções, será necessário que se considere a narrativa como ficção. Se a narrativa fosse uma obra de arte, seria razoável considerá-la mais representativa da verdade do que qualquer transcrição literal; mas o psicanalista que escreveu este livro não é um artista. Toda e qualquer expectativa de que os registros representem o que realmente aconteceu deve ser rejeitada, não passará de uma vã jactância.

O primeiro parágrafo é evocativo; convida-se o leitor a apreciar a gravidade da doença do paciente; e também apreciar qual é o estado de mente de quem foi aconselhado a se submeter a uma cirurgia seríssima no seu próprio cérebro; e seu desespero por ter

---

1 Os números em negrito correspondem às numerações nos parágrafos dos capítulos precedentes.

tido tratamentos malsucedidos por muitos anos. Prepara-se o leitor para o triunfo de uma psicanálise, contrastado com infortúnios nas psicoterapias anteriores às quais o paciente se submeteu.

Os parágrafos 2 e 3 não são factualmente exatos. Os enunciados dos dois parágrafos são representações de fatos bastante aproximadas de sua realização. Naquela época, pensei que isso era verdade; ainda penso que seja. Que importância deveremos atribuir aos dois enunciados, um deles presente no capítulo, feito meses após a experiência; o primeiro no artigo publicado em um periódico e no capítulo um, meses após a experiência; e o segundo, como um comentário, vinte anos depois da experiência?

É comum pensar que um relato que tenha sido escrito em torno de uma hora depois dos eventos que, supostamente, descreveria, seria mais válido e, portanto, superior, em uma comparação com textos escritos após meses, ou anos – como se fosse um "equipamento de fábrica" embutido na primeira versão.[2] Suponho apenas que são dois relatos diferentes a respeito de um mesmo evento, sem qualquer implicação de que um seja superior ao outro. No entanto, faz-se necessário o uso de uma técnica para poder revelar a natureza das histórias contrastantes; e dos elementos contrastantes, que são internos a essas histórias contrastantes. Historiadores familiarizaram-se com usos da história "contemporânea"; e de uma história que tenha sido escrita depois de um tempo suficientemente longo para que "paixões tenham sido arrefecidas",[3] permitindo amadurecimento nas perspectivas. Um psicanalista precisa de

---

2 *Built-in* no original [N.T.].
3 O exame da biblioteca particular de Bion e também de algumas de suas obras, aliado a conversas com Francesca Bion, revela o impacto das obras de Reinhold Niebuhr, William Shirer e, principalmente, do trabalho de Llewellyn Woodward de 1966, "The Study of Contemporary History", publicado no *Journal of Contemporary History*, *1*, 1-13, na obra de Bion. Nesse caso, no que se refere às disputas entre historiadores e jornalistas que escreviam sobre história,

algum tipo de definição mais precisa das realidades subjacentes às formulações que distinguem essas mesmas realidades.

A necessidade de sigilo tem uma consequência: certos fatos são substituídos por falsificações, cuja intenção é que não tenham a menor diferença material no relato das tensões emocionais – parte integrante do ambiente cercando o paciente. Atualmente, não me resta nenhuma dúvida do quão falaciosa é essa ideia. Pois a substituição é feita de acordo com certas pré-concepções derivadas da experiência de psicanalisar o paciente. Esse relato deriva de um pano de fundo emocional, que precisa incluir as minhas ideias a respeito daquilo que o paciente me disse; minhas interpretações; e minhas interpretações dos resultados do encontro. Escrevi o relato acreditando, na época, que era um relato factual do comportamento do paciente, junto com um relato factual de minhas interpretações – parcialmente baseado em minhas crenças sobre o significado da teoria psicanalítica –, seguido por um relato factual das consequências das interpretações. Atualmente, parece-me mais acurado considerar que esse e os outros estudos que escrevi (pois tenho conhecimento mais íntimo desses estudos) são formados por enunciados de muitas qualidades. Por exemplo, no parágrafo 5, o enunciado é uma formulação verbal a respeito de uma imagem visual. Lendo o enunciado, após dezessete anos, posso receber uma impressão visual que, até certo ponto, recorda-me de algo que não pode ser apreendido sensorialmente: depressão. A frase "apatia monossilábica", no contexto do resto do parágrafo, faz-me supor – agora – que o paciente estava deprimido. Mas não é o mesmo dizer que ele estava deprimido e descrevê-lo como apático e monossilábico. Esse é o ponto crucial: na mesma extensão em que o relacionamento do psicanalista com seu paciente ficar

---

origem de afirmações de que seria impossível a escrita da história por quem a tivesse experimentado; ou seu inverso [N.T.].

desobstruído, mais sutil será esse relacionamento. É uma experiência inefável. A interpretação do psicanalista precisa ser de um estado de mente que é, proporcionalmente, mais difícil de descrever em termos sensoriais, na mesma medida em que o escritor aspira ser mais acurado.

Não é tão difícil formular uma interpretação no exercício de uma psicanálise como o é quando se escreve um texto sobre o que foi uma psicanálise. Em uma psicanálise, há a presença de um paciente que sabe algo a respeito do que o psicanalista está falando, pois as qualidades inerentes à associação do paciente são as mesmas qualidades inerentes à interpretação do psicanalista. Consequentemente, a comunicação entre um psicanalista e seu paciente não possui as mesmas dificuldades que existem na comunicação entre o psicanalista e o leitor.

A comunicação do paciente e a interpretação do psicanalista são experiências inefáveis; e essenciais. A comunicação dessas duas qualidades – inefabilidade e essencialidade –desempenha um papel vital em toda e qualquer interpretação dada a pacientes psicóticos. Em muitas ocasiões, a reação do paciente à interpretação depende mais dessas duas qualidades, do que do significado verbal carreado pela interpretação. Em função da natureza da transferência psicótica, o destino do significado verbal depende da reação do paciente ao tom de interpretação.

Por sua vez, um imagem sensorializada – categoria C do instrumento "Grade"[4] – corporifica a descrição do parágrafo **5**. Caso

---

4 *Grid* no original. Instrumento para avaliação do valor-verdade contido nos enunciados verbais de analistas e pacientes, apresentado pela primeira vez em 1963, no livro *Elementos de psicanálise*. Em respeito à tradição consagrada pelo uso, mantivemos a versão para o português falado no Brasil, "Grade", apesar de sua imprecisão. Este tradutor acredita que modificações em termos verbais em nome de maior precisão, e até mesmo no caso de erros, quando dadas após

tentasse formulá-la em termos mais precisos – como cientistas podem fazer, usando, por exemplo, formulações matemáticas –, a comunicação iria degenerar sob a forma de malabarismos verbais. No entanto, para que o leitor tenha um ideia acurada sobre a associação que foi interpretada, torna-se necessária uma informação mais precisa. Qual seria o modo de tornar a comunicação entre o psicanalista que escreve e o que lê tão eficaz quanto a comunicação entre o analisando e o psicanalista? O que precisa ser comunicado é suficientemente real; mas todo psicanalista conhece a frustração consequente às tentativas de esclarecer uma experiência que soa inconvincente no momento exato em que é formulada – mesmo que o faça para um outro psicanalista. Talvez precisemos nos reconciliar com a ideia de que, no estágio atual da psicanálise, esse tipo de comunicação é impossível. Uma atividade que ainda aguarda maior desenvolvimento é transformar a experiência psicanalítica em formulações que efetivem a comunicação entre o psicanalista e o leitor. Alguns podem desejar transformá-la nos termos de um grupo; outros, em termos matemáticos, científicos ou artísticos; outros, ainda, poderão contentar-se em aperfeiçoar as interpretações no contexto da sessão psicanalítica. Nenhum psicanalista se contentará em deixar as coisas como estão.

Quando estava preparando os capítulos deste livro, recordei-me de um exemplo especial que ilustra o problema de comunicação entre o psicanalista que escreve e o que lê, que emerge quando o escritor e o leitor são a mesma pessoa. Poder-se-ia supor que essa situação ofereceria as condições perfeitas para comunicação. No entanto, descobri, durante a época em que escrevia elaboradas anotações a respeito de sessões com pacientes, que quando o intervalo entre a escrita e a leitura era relativamente curto, não obtive

---

décadas de um uso consagrado, têm se mostrado mais inadequadas do que os termos consagrados pelo uso [N.T.].

maior sucesso do que agora, quando o intervalo pode ser medido em vários anos. Pensava, no início, que entenderia facilmente anotações rabiscadas em alta velocidade sobre um pedaço de papel: uma garatuja aqui, um ponto de exclamação ali, às vezes uma conjectura interpolada ou um comentário descrevendo meus próprios sentimentos sobre o que estava acontecendo. Não posso dizer que não havia um sentido nesses rabiscos conforme ia relendo; no entanto, não transmitiam o significado que esperei encontrar. Não me pareceram em nada melhores do que umas notas adormecidas que, algumas vezes, andei tentado fazer para assinalar aquilo que considerei ter sido um sonho importante, para estudar na manhã seguinte. Os rabiscos permaneceram: o sonho desapareceu. Descobri que não poderia fazer um uso interpretativo melhor desses rabiscos em comparação aos que fiz quando estava completamente acordado. O mesmo ocorre com o presente estudo: não é o caso de ficar insatisfeito; pensei que, se fosse o relato de outro psicanalista, estaria muito bom. No entanto, do modo que ficou, não reconheço o paciente, nem a mim mesmo.

Esse tipo de experiência me levou a tentar uma série de experimentos no registro de sessões, incluindo alguns, talvez os mais convincentes, que eram registros intencionalmente subjetivos sobre meus sentimentos a respeito do trabalho que fizera naquele dia. Usei um fichário com cartões para ajudar-me a encontrar rapidamente referências ao material caso eu desejasse recordar-me da história psicanalítica desse ou daquele paciente. Penso que foi útil – por uma ou duas vezes. Tenho a mesma sensação agora ao ler os parágrafos **8-11**, mas não tenho certeza de que modo fora uma experiência útil naquela época, ou mesmo agora. Finalmente, abandonei as anotações, mas isso só aconteceu anos depois de ter escrito o primeiro estudo. Minhas razões para fazer isso não podem ser apresentadas de forma simples ou abrangente. Uma razão, relevante neste contexto imediato, foi o incremento em minha consciência de que as anotações mais evocativas foram aquelas nas quais pude chegar muito perto de uma representação de uma imagem sensorial – por exemplo, a anotação de um evento lembrado visualmente (por exemplo, no item 5). A evocação, no entanto, não foi a respeito do que havia ocorrido, mas advinda da sabedoria mais barata que existe, a do retrospecto:[5] é fácil falar sobre algo, quando este algo já aconteceu. Resumindo: o valor das notas não estava em suas supostas formulações de registros do passado, mas em suas formulações de imagens sensoriais evocativas do futuro. As notas não possibilitaram a manutenção da consciência do passado, mas possibilitaram a evocação de expectativas do futuro. Construí, provisoriamente, a "Grade" para esse propósito; usando-a, categorizo os enunciados das minhas anotações como C4, não como C3.

Essas duas categorias aparecem juntas na Grade. No cotidiano, é comum o fato de ouvirmos o que duas pessoas têm a dizer e considerarmos que suas respectivas visões constituem-se como "polos opostos" – trata-se apenas de algo que expressa uma "distância" mental. O instrumento "Grade" produz uma imagem visual sugerindo que essas categorias são vizinhas; portanto, seria válido assumirmos que essa vizinhança corresponderia a algum tipo de "intimidade" no relacionamento entre os *objetos representados* pela Grade? Argumento, no contexto desta discussão, que o valor real da formulação que categorizei como C3 está, de fato, "longe" do valor real representado por C4. Se essas duas categorias estivessem espaçadas de forma diferente no papel, teríamos maior representatividade das realizações que a "Grade" pretende categorizar? Pode-se dizer que as notas que estou discutindo pertencem a categorias semelhantes, ou próximas, no seguinte sentido: se pretendem ser registros do passado, então seu objeto é evocar

---

5 Há uma expressão idiomática em inglês não utilizada por Bion, a qual nos parece expressar razoavelmente a ideia: *hindsight wisdom* [N.T.].

memórias presumivelmente inconscientes, pois foram esquecidas, ou suprimidas, ou ainda reprimidas; caso pretendam evocar ideias sobre o futuro, seu objeto é evocar profecias ou conjecturas sobre o que ainda não aconteceu. A distância entre as duas categorias, cuja mensuração não se dá no espaço, mas no tempo, pode ser infinitamente pequena ou infinitamente grande. Novamente, se minha nota diz "o que aconteceu" na sessão de ontem, e me faz pensar no que logo irá acontecer na sessão de hoje, será possível medir a "distância" entre essas duas ideias pelo tempo decorrido entre as duas sessões? Talvez fosse melhor não pensar nisso como uma distância entre ideias mensurável no espaço ou no tempo, mas em termos de diferença em relação a alguma escala de fundo genético completamente diverso daquele do espaço físico ou tempo físico. Para uma análise mais aprofundada: qual poderia ser a utilidade de se dizer que a mente "viaja" da Terra ao quasar mais próximo na "velocidade do pensamento"?

Para os psicanalistas, não se trata apenas de ideias, mas de questões práticas; considere a importância da capacidade de um psicanalista ou de um paciente para apreender uma ideia de modo muito "devagar" ou muito "rápido". Um paciente pode ver o significado de uma interpretação tão rapidamente que o psicanalista fica surpreso ao descobrir, um momento depois, que o paciente aparentemente não entendeu o que lhe foi dito. A velocidade do pensamento do paciente torna-o capaz de fechar uma questão antes mesmo que tenha tipo tempo para entendê-la. Estou modelando todos os termos dessa minha descrição na experiência sensorializada de um pano de fundo sensorializado. Esse modelo serve para iluminar muitos fenômenos em psicanálise, mas a luz projetada por esses modelos (incluindo esse) é intermitente; sua inadequação aparece muito fácil. Um psicanalista precisa de modelos robustos, de ampla aplicabilidade, e que possam ser construídos rapidamente. Os modelos que atualmente utilizamos não têm fôlego; servem até certo ponto. No entanto, esse ponto é alcançado rapidamente, e um psicanalista que o atinge não consegue ver nada além da escuridão. Isso, na minha opinião, é o que está errado nesses estudos que agora comento. Meu comentário não se dá porque exista alguma peculiaridade nesses estudos que lhes confere esse tipo de defeito; o defeito é típico ao método. O problema é transformar as formulações de "tempo", "distância" e "espaço" de tal modo que a reformulação não fique tão abstrata a ponto de se tornar uma impostura feita por malabarismo verbal nem tão impactada de significados que obstruem seu desenvolvimento.

As anotações do psicanalista sobre uma sessão podem estar longe de ser um registro do que realmente ocorreu; mas, mesmo assim, podem se aproximar de uma antecipação de um desenvolvimento futuro. O treinamento científico parece supor que a capacidade de antecipação é um atributo desejável e que vale a pena ser desenvolvido. Parece importante que um psicanalista esteja capacitado para prever que seu paciente tentará se suicidar; ou, inversamente, sua provável melhoria. Vamos examinar essa suposição mais de perto.

No caso de supor-se que um psicanalista precise antecipar o suicídio de seu paciente, isso quer dizer apenas que um psicanalista precisa entreter, o máximo possível, um amplo espectro de pensamentos e sentimentos, agradáveis ou desagradáveis. A ideia de que um paciente possa se suicidar é apenas um exemplo particular dos pensamentos dolorosos que um psicanalista precisa sustentar; caso contrário, esse psicanalista estará se desviando de fazer o trabalho para o qual um psicanalista existe, e que nenhum outro poderá fazer: analisar. Caso uma análise do impulso ao suicídio não possa mudar o impulso desse paciente, atitudes preventivas, por exemplo, uma internação, certamente não o farão. Outros têm que cumprir papéis diferentes em tal contingência: essas pessoas podem acreditar que o psicanalista deve cumprir essas tarefas, que não são psicanálise. No entanto, essas crenças de outras pessoas podem ter consequências desagradáveis para um psicanalista que está na posição de saber que sua função é a de psicanalisar. Esse psicanalista encontra-se sob pressão, isolado e vulnerável, sujeito à tentação de abandonar seu papel e assumir outro, por mais incapaz que seja para isso, para se conformar às convenções e às preconcepções do grupo. Caso esse psicanalista se submeta às convenções e pré-concepções grupais, deixará a psicanálise, que não estará mais fazendo, desamparada. O paciente perde seu psicanalista, ganhando um auxiliar de valor duvidoso.

Esses argumentos aplicam-se com igual força à suposição de que o paciente pode se tornar um psicanalista – essa é uma suposição que um psicanalista precisa considerar.[6] Caso um psicanalista possa entreter um espectro de possibilidades, desde o suicídio de seu paciente até sua sobrevivência com uma personalidade robusta e estável, precisará se capacitar para psicanalisar cada uma dessas possibilidades quando surgem no contexto de uma psicanálise. Uma psicanálise naufraga quando aparece o rochedo composto de memórias e desejos do psicanalista – um ponto que será expandido adiante.

Em 12, inicio uma retrospectiva da análise. Minha intenção não é questionar se a descrição é precisa ou não, mas usá-la para ilustrar minha visão atual. O relato pode ser visto como descrição tanto de uma memória como de uma evolução; é necessário diferenciar as duas.

Como relato a respeito de uma memória, pretende descrever minha "memória" daquilo que agora denomino uma "evolução":

---

6 Donald Meltzer fez comentários importantes sobre análise didática em "The Relation of Anal Masturbation to Projective Identification". *International Journal of Psycho-analysis*, 47(335), 1966.

ou seja, um encontro, precipitado por uma intuição súbita, de uma enorme quantidade de fenômenos incoerentes, aparentemente não relacionados entre si, e que, justamente pelo encontro, ganham coerência e significado que até então não possuíam. Distingo essa situação dos relatos de uma história contada pelo cunhado homossexual. Qualifico esse elemento, e outros similares, como "memórias", junto com lembranças retomadas de algum modo doloroso e deliberado. Por exemplo: um paciente monta um sonho que pensa que teve, em contraste aos sonhos repentinamente lembrados, como se fossem uma totalidade única. Ou talvez perdidos, de modo similar, como uma totalidade única. Essa experiência se assemelha ao fenômeno da transformação da posição esquizoparanoide para a posição depressiva. Em um estudo anterior, chamei a atenção para uma descrição surpreendente desse tipo de experiência, por H. Poincaré em *Ciência e método*.[7]

Em 13, descreve-se um evento que ilustraria bem uma "evolução". Emerge do material produzido pelo paciente, como se fosse o padrão de um caleidoscópio, uma configuração que parece pertencer não apenas à situação que se desenrola, mas a uma série de outras situações anteriormente vistas como não conectadas e que não se destinavam a ser conectadas. No momento, não considero que o padrão do "gêmeo imaginário" tenha importância central, embora o tenha achado esclarecedor para alguns aspectos de uma psicanálise de um filho único. Esse padrão foi, muitas vezes, um fato particular de um padrão de clivagem mais geral. O paciente que descrevi não era um filho único, mas havia circunstâncias que o levaram a se sentir assim. Todo psicanalista em início de carreira depara-se com teorias conhecidas e consagradas; precisará descobrir seu próprio caminho por meio da vivência das realizações dessas teorias. É claro que a realização que se aproxime de uma teoria

---

7 Em 1962, no livro *Aprender da experiência* [N.T.].

que o psicanalista aprendeu será única. Portanto, poderá parecer tão diferente da formulação teórica que esse psicanalista poderá não reconhecer a relação de sua vivência da realização dessa teoria com a própria teoria. Em contraste, esse psicanalista iniciante poderá forçar para que a teoria se adéque a uma realização, pois psicanalistas inexperientes acham difícil tolerar a dúvida e a incerteza. Dúvidas e incertezas que, em sua imaginação, um psicanalista mais experiente – provavelmente o seu próprio analista – não teria.

Não pode haver dano em erros deste tipo: "descobertas originais" daquilo que já é muito bem conhecido e "confirmações" que não seriam encontradas se já houvesse maturação no talento necessário para exercer-se um trabalho clínico. O hábito de aplicar prematuramente boas teorias é um golpe mortal para o que poderia ser uma boa análise, pois coloca-se uma tela entre o psicanalista e o exercício de sua intuição sobre um material novo e, portanto, desconhecido.

Penso que o sonho relatado em **15** está o mais próximo possível das palavras do paciente. Parto do princípio de que o paciente o relatou corretamente, e que eu me recordei corretamente, e que foi devidamente transcrito. Não há dúvida da falsidade dessa suposição conveniente. Não obstante, continua a ser conveniente e muitos psicanalistas, incluindo eu, continuarão a usá-la – na maioria das ocasiões. Nem sempre é conveniente; e as tendências modernas na prática psicanalítica tornarão essas suposições enganosas, a menos que sejam usadas com cautela. A falha em reconhecer o ponto em que uma suposição, sabidamente falsa, mas conveniente, torna-se inconveniente, bem como falsa, conduz a desvios na prática psicanalítica, adentrando em um impasse em que reina o pessimismo. Faço desse sonho e dos relatos em **16-20** o assunto do comentário crítico não por ter modificado minhas visões sobre o valor do que relatei então, mas porque preciso de um ponto de partida para poder expor outra coisa.

Até o ponto em que me "lembro", o paciente relatou esse sonho em termos vívidos. O relato dado em **15** relembrou o episódio, quando o li, de um modo tão "completo" que considero ter "evoluído" no decorrer da própria leitura, em contraste com a experiência de uma releitura de **16**.

"Lembrei-me" da opinião que tive naquela época: minha interpretação havia sido boa – "correta", como disse –, e "lembro" que a experiência do sonho e da interpretação teve a mesma convincente qualidade de realidade. Comparada com a descrição em **15**, neste momento, a do item **16** não pode "evoluir" nada. Não atribuo essa diferença a alguma qualidade inferior de **16**, mas a uma diversidade na natureza das duas formulações. Encontro-me incapaz de ter qualquer impressão de que a interpretação possa ter sido verdadeira ou falsa. Neste momento, minha experiência de **15** é uma "evolução" de uma experiência emocional; com **16**, não experimento nada além de um sentido de que há uma manipulação de teorias.

Dado o fato de que participei dessa experiência, sei que não houve falsificação deliberada ou consciente. Também sei que a formulação em **16** foi tão boa quanto foi difícil alcançá-la a tornou. Mesmo se dermos um desconto para defeitos pessoais nos meus poderes de descrição, surge o problema da falta de um aparato que possa registrar a única parte digna de registro de uma sessão psicanalítica. Ocasionalmente – como ocorre em **15** –, algo pode ser registrado de forma suficientemente adequada para obter-se alguma evolução, resguardando-se o fato de que o leitor seja o psicanalista. A literatura psicanalítica tem significado para um ou dois leitores de um determinado estudo, no máximo; deve ser a literatura científica mais aborrecida e ingrata para outras pessoas.

Não haveria grande prejuízo se a realização da experiência pudesse ser adequadamente representada por tal aborrecimento: a psicanálise desapareceria junto com outras pseudociências. Para alguém que experimentou a realidade da psicanálise, a possibilidade de tal desfecho de comunicação defeituosa torna-se uma tragédia.

As formulações em **17** são de uma espécie diversa, comparadas às de **15** ou **16**; trata-se de descrições de acontecimentos em termos que são, por si mesmos, formulações teóricas de intuições psicanalíticas. Estão muito mais longe do mundo emocional do que a descrição de sonho em **15**, mesmo que eu tenha dito que a descrição em **15** é uma descrição de uma descrição de uma alegação de um paciente a respeito de algo que ocorreu durante um período em que ele estaria adormecido. Como psicanalista praticante, por ora tolero as inquietações suspeitosas suscitadas por tal fundamento inseguro. Penso ser necessário perceber essa insegurança, ainda que também seja necessário desconsiderá-la até que se torne relevante. Por sua vez, não é tolerável a diferença em espécie entre **15** e **16**, e também em **17** e **19-20**, pois a natureza do trabalho na atualidade não permite a falta de discriminação entre realizações tão diferentes entre si. A versão verbal do sonho em **15** é relativamente tolerável; pode ser categorizada como C3. Não se pode considerar desse mesmo modo as descrições de **16-20**. Falta-lhes o imediatismo que dá corpo à descrição em **15**. Da mesma forma, exceto para alguns psicanalistas, as formulações de **17** tornam-se enunciados teóricos de intuições psicanalíticas vulneráveis, pois falta-lhes "corpo", de um lado, e rigor científico, de outro.

Tolero as formulações de **17** e **18** porque não posso encontrar modos de fazê-las melhor, mas seu valor é discutível. Pois aquilo que essas formulações comunicam pode não valer a pena ser comunicado; inversamente, aquilo que na experiência psicanalítica vale a pena comunicar pode não ter sido realmente comunicado.

A posição em relação a **18-20** é mais complexa. Não posso dizer nesse momento em que medida o relato representa com justiça o que aconteceu. Sei que, intencionalmente, representa, mas a experiência psicanalítica mostra o quão enganosa pode ser tal impressão. Além disso, esse relato foi escrito sob o objetivo consciente de "ilustrar" o que pensei que havia aprendido por meio da experiência analítica. A necessidade de "ilustrar" o tema implica que se trata de uma tentativa de representar a experiência nos termos de uma experiência sensorial – categorizável como C na Grade. Nesses termos, a descrição evita o perigo de ser mais uma manipulação de jargões, mas introduz grandes, ainda que diferentes, perigos. Em primeiro lugar, esses termos não podem representar a experiência psicanalítica que pretendem descrever, mas apenas uma experiência sensorial de um fato físico supostamente análogo a uma experiência mental. Os relatos **18-20** são transformações[8] de uma experiência emocional em uma formulação verbal de uma experiência sensorial (**19**). Talvez essa seja a representação mais direta de todas as que estão em **18-20**.

Seria irrelevante um escrutínio rigoroso na experiência extrapsicanalítica do dia a dia; possivelmente também seria irrelevante na maior parte das experiências psicanalíticas, assim como é irrelevante para a pessoa desse estudo específico, mas não na psicanálise de pacientes com pertubações em seu senso de realidade. É essencial compreender a natureza das formulações que um psicanalista faz sobre sua experiência da realidade para obter uma apreensão da natureza das formulações do paciente de sua própria experiência da realidade – e, desse modo, comparar as duas.

As descrições que estão no último parágrafo de **19**, ou na totalidade de **20**, não deixam claro o quanto do relato se supõe que o leitor deve considerar uma intuição direta do que estava acontecendo e o quanto seria relato de fatos selecionados. Um psicanalista precisa discernir o padrão subjacente por um processo de discriminação e seleção. Se o relato fornecido for uma seleção feita

---

8 Ver *Transformações* (1965).

para demonstrar a exatidão da seleção original, será um relato claramente inútil. Se a experiência original for uma evolução genuína de uma realização psicanalítica, e somente nesse caso, ou seja, se for um precipitado de coerência por um "fato selecionado", legitima-se o método de representação da pessoa que escreveu o relato, que fez uma discriminação e seleção consciente dessa realização.

Há uma complicação adicional nessas passagens sob discussão: para tornar impossível a identificação do paciente, tive que falsificar deliberadamente os fatos. Consegui isso, mas às custas de fazer um relato que agora considero inútil. Ele não consegue representar a realização que desejei retratar nem explicar as interpretações dadas.

Isso nos leva ao dilema atual das comunicações em psicanálise. O relato de uma sessão (isto é, uma realização psicanalítica) acaba sendo uma incompreensível desordem literal, ou uma representação artística. Não temos sido impedidos pelo primeiro desfecho; o segundo, assumindo que um psicanalista tenha o grau necessário de capacidade artística, implica uma transformação durante a qual se seleciona e se ordena o material. A interpretação dada ao paciente é uma formulação destinada a exibir um padrão subjacente – similar, portanto, à fórmula matemática descrita por Poincaré.[9] É também semelhante a alguns aspectos de uma pintura, de uma escultura ou de uma composição musical. No máximo, tais formulações nos dão consciência de coerência e ordem onde, sem elas, reinariam a incoerência e a desordem.

Na prática, o psicanalista não possui as condições, mesmo que tivesse os atributos, para a criação artística – a não ser que supuséssemos supor que uma capacidade para se expressar por conversação pudesse ser sublimada em uma pequena arte efêmera. Um

---

9   Jules Henry Poincaré, *Science and Method* (Dover Books, 1914, p. 30).

psicanalista pode, no entanto, dar uma interpretação, e um paciente pode experimentar a realização à qual a interpretação intenta se aproximar. Quando se trata de uma comunicação psicanalítica, o leitor não tem a vantagem do paciente. Esse leitor depende de uma transformação verbal da experiência psicanalítica que foi formulada pela mesma pessoa que havia feito a interpretação nos termos que essa mesma pessoa escolheu para relatar.

Não há nada de novo na crítica quanto à falta de objetividade em psicanálise, e não estou propondo que se perca tempo com isso. Desejo considerar alguns poucos defeitos que estão combinados vagamente sob esse título geral e, em particular, a suposição de que há uma diferença entre o último e o penúltimo parágrafos de 20. Para mim, o suposto relato do que ocorreu não é, de modo algum, uma formulação razoável de C3. Em outras palavras, para trazer ao leitor uma impressão da experiência psicanalítica (que não pode ser olhada, nem cheirada, nem escutada, pois o leitor não está ouvindo aquilo que o paciente *pensa* estar dizendo), a descrição é dada nos termos daquilo que foi experimentado sensorialmente. Não é de se espantar que interpretações psicanalíticas originem ceticismo.

Ninguém duvidaria, digamos, da realidade da existência de ansiedade; mesmo assim, não é possível apreender ansiedade de um modo que seja apenas usando nosso aparato sensorial. Na prática psicanalítica, não nos ocupamos de exemplos toscos, mesmo que sejam de ansiedade; dois psicanalistas podem discordar a respeito de um paciente que esteja borbotando pura hostilidade diante do psicanalista. Um poderia supor que ele esteja sendo levado por ansiedade, e outro, que demonstre medo persecutório. Um psicanalista, à medida que amplia sua sensibilidade e sua experiência, experimentará de modo proporcionalmente ampliado fenômenos não sensorialmente apreensíveis manifestando-se diante de si. Esse psicanalista estará, consequentemente, capacitado a comunicar algo que se apresenta como inefável.¹⁰ Há uma diferença importante entre a formulação de algo que se alega ter ocorrido e a formulação que intenta ser uma interpretação. Qual seria essa diferença importante? Qual é a diferença importante entre aquilo que foi manifestado durante uma sessão psicanalítica e a interpretação que o psicanalista fez sobre essa manifestação?

Frequentemente, a discussão psicanalítica toma a forma de comparação entre aquilo que o paciente falou e a interpretação que foi feita, ou que poderia ter sido feita. Às objeções de que a comunicação psicanalítica compõe-se de duas versões de uma mesma observação, acrescenta-se mais uma: a de que discussões psicanalíticas demonstram a futilidade de comparar associação com interpretação. Há um número infinito de associações e também de interpretações; portanto, é inútil ficar discutindo a correspondência de uma com a outra. E é exatamente esse o caso, pois o relato das associações do paciente constitui-se como uma transformação; e toda transformação introduz uma distorção, que não pode ser permitida. A distorção devida à personalidade do psicanalista não permanece constante, entre a associação que relatou e a interpretação que dá para seu relato. Em algumas ocasiões, estudantes de psicanálise fazem relatos sobre uma interpretação que deram, dizendo pouco mais do que já está dito na associação do próprio paciente. Nesse caso, psicanalistas consideram que a interpretação foi defeituosa. Há ocasiões em que a interpretação pode ter sido, verbalmente, quase idêntica à associação, mas, ainda assim, dado o fato de que o psicanalista empresta sua autoridade para confirmar o enunciado do paciente, essa interpretação produz mudanças importantes. Portanto, fica claro que não se aprende nada pelo ato de comparar uma associação com uma interpretação; mas algo pode

---

10 O significado do termo inefável é: algo que não pode ser colocado sob formulações verbais [N.T.].

ser aprendido por meio da comparação da natureza de uma interpretação com a natureza de uma associação.

Há o relato de parte de um sonho em **22**. Caso se assuma que suas palavras, "enraivecido" e "terror", tenham sido usadas corretamente, representaram e comunicaram a realidade psíquica. O contexto na qual foram utilizadas é uma transformação verbal de uma imagem visual. Combinado com os termos "enraivecido" e "terror", evoca-me um evento de impressão poderosa, quando não me recordo com nenhum tipo de certeza nada sobre a ocasião relatada. Nesses aspectos, é diferente daquela interpretação que não fez nenhum impacto; não duvido que represente aquilo que disse naquela época. Não surpreende que não haja impacto: essa interpretação está formulada nos termos de F6. É uma formulação sofisticada, com a intenção de ser a contraparte mental da ação. A intenção é de que seja uma ação psicanalítica. Como todas as categorias F, G e H, terá a tendência de emergir como um tipo de manipulação de termos técnicos sem o menor sentido. Este é, precisamente, o perigo a ser antecipado em todo tipo de formulação sofisticada – como a encontrada em **31**; uma interpretação desse tipo também deixa o mesmo sentido: o de uma manipulação verbal sem sentido. Falta-lhe permanência ou durabilidade. Nesse aspecto, difere de enunciados estéticos.

Esse problema não surge no momento que a interpretação foi feita: o psicanalista e o analisando podem comparar a interpretação com os fatos que se intenta interpretar. O leitor não dispõe disso e não pode fazer o mesmo que esse paciente. Mesmo que um leitor possa ter disponível toneladas de habilidosas descrições, ou por mais apropriadas que possam ser as interpretações, não poderão suprir a falta de experiência do leitor sobre aquilo que foi relacionado nas descrições com as interpretações.

Se uma situação psicanalítica for intuída de modo acurado – prefiro usar o termo "intuída", e não usar termos "observada" ou "ouvida" ou "vista", pois o primeiro termo não carreia a penumbra de associações sensoriais –, um psicanalista descobrirá que o português[11] coloquial é surpreendentemente adequado para formular a interpretação de um modo que fique compreensível para o analisando. Além disso, a situação emocional ajuda a tornar a interpretação compreensível ao analisando; mas existem resistências, demandando algumas modificações nessa afirmação – do modo que estou colocando torna-se demasiadamente otimista.

Como resultado, temos a situação de que, ao lermos interpretações, elas dificilmente parecem úteis, embora o sejam na prática. É importante que possamos obter um entendimento psicanalítico sobre os processos de crescimento; em função da importância desse entendimento, um dos maiores infortúnios na prática psicanalítica, em sua fase de desenvolvimento na atualidade, é a falha na comunicação da base de nossa interpretação – as experiências não sensorialmente apreensíveis. Suspeito de que essa falha também contribui para a controvérsia um tanto fútil sobre teorias psicanalítica: seria necessário que uma argumentação iluminasse *qual* foi a teoria aplicada para *essa ou para aquela* realização. O fato é que isso nunca é feito, pois ninguém descobriu um método que possa comunicar uma relação vital que existe entre uma interpretação e a realização. Não fui capaz de deixar a relação clara em **15**; menos ainda em **23-24**.

Em **26**, relato uma mobilidade psicanalítica considerável: o paciente torna-se transitar, com alguma liberdade, entre estados psicológicos diversos. Atualmente, não me recordo de que esse paciente tenha se sentido "melhor"; nem de ter usado termos que pudessem expressar alguma ideia de "cura" ou "doença". Era

---

11 *English* no original [N.T.].

coerente com sua postura pessimista e cética, mas não deu nenhuma impressão de que o foco central pudesse ser a depressão. Parecia nunca ter se preocupado, de modo consciente, consigo mesmo; ou que fosse um paciente precisando de cura – mesmo quando reportou que havia indicado o nome de um médico para um de seus estudantes. Deve ter sido o primeiro paciente que me levou a pensar que a ideia de cura não introduzia um critério irrelevante em psicanálise – algo que voltarei a considerar mais adiante. No momento, chamo a atenção para o contraste apresentado à mobilidade psicanalítica pela rigidez moral observada no início de 27 – que também será abordada, posteriormente.

No final de 29 e início de 31, descrevi o problema produzido por uma intuição em desenvolvimento. Na época, não sabia o quão comum é essa experiência. No artigo sobre a diferenciação entre personalidade psicótica e não-psicótica (Capítulo 5 deste volume), há uma ilustração do incremento de intuição e do perigo que representa para o desenvolvimento do indivíduo. O tema está mais plenamente desenvolvido em "Mudança catastrófica",[12] no qual explico que faz parte de uma ampla configuração. Abandonarei esse tópico para discutir o uso de termos utilizados no segundo parágrafo de 30, extraídos de realizações de um espaço físico, tipificadas pelas formulações verbais, "difundido", "superficial" e outros.

O modelo de Freud para a mente, ilustrado por diagramas,[13] é baseado em uma realização de espaço físico; essa representação

---

12 Bulletin of the British Psychoanalytical Society, 5, 1966.
13 O conceito, função alfa, originou-se em uma das teorias de Freud; aquela em que o médico austríaco lançou mão de diagramas bidimensionais, como modelo para o aparato psíquico para representar uma realidade multidimensional formada por três sistemas. Freud utilizou-se de um modelo do funcionar do ser humano, bem-sucedido em medicina, baseado em aparatos e sistemas, formados por órgãos naturais. No modelo utilizado por Bion, os diagramas bidimensionais de Freud mostram a movimentação dos fatos psíquicos nos três

linear ajudou a fortalecer uma impressão que até agora não pareceu ter criado dificuldades. Facilitou compreensões e descobertas; mas esses modelos são inadequados quando investigamos pacientes que apresentam falhas em sua própria orientação no espaço e no tempo. Para a compreensão dessas falhas, é necessário usar um modelo cuja realização se aproxime ainda mais da realização obtida pelo modelo utilizado pelo paciente. Se um paciente se comporta como se não tivesse a menor noção da passagem do tempo e seu psicanalista considera que o tempo passa, torna-se importante considerar a falha em se observar esse contraste, e o analista precisa saber de que modo surgiu a diferença nesses atitudes. A respeito do que esse psicanalista tem noção? Como passou a ter essa noção? Será que o "tempo" "passa"? Se o tempo não passa, então será absurdo esperar que o paciente tenha noção de que está "passando". A maioria das pessoas aceita que a representação obtida pela formulação "o tempo está passando" é adequada para uma determinada realização. No entanto, um paciente psicótico pode não ter nenhuma noção dessa realização e pode não se comportar como se a formulação "o tempo está passando" representasse qualquer realização importante. Será que esse paciente aceitaria a importância da realização caso pudesse ser representada por uma formulação que dela se aproximasse mais intimamente? Do modo que está, o enunciado "o tempo está passando" é construído por meio de palavras derivadas de experiências sensoriais; é uma formulação verbal da categoria C. De modo sumarizado: é necessário ter uma ideia de "normal" que não seja, em si mesma, um afastamento do

---

sistemas do aparato psíquico (consciente, pré-consciente e inconsciente). Esses diagramas ser encontrados no inacabado "Esboço de psicologia" (vertido para o inglês como "Projeto para uma psicologia científica"), *A interpretação dos sonhos* e "O ego e o id". Do modelo de Freud, Bion extrai os conceitos de barreira de contato como fator para formular a teoria da função alfa – expressa no último capítulo desse livro (p. 157). [N.T.].

normal, para que se possa apreender a natureza do afastamento do paciente do "normal". É frequente que psicanalistas falem de fases da vida mental "precoces" e "tardias". A discussão de episódios em uma análise como se fossem reativações, ou reminiscências, de experiências com um seio implica uma noção consciente[14] de uma dimensão de tempo, que sugere ter havido a introdução de algum elemento dotado de uma história. Algumas vezes, isso pode ser expresso como tendo um "lugar" no tempo, ou um "lugar" no espaço: "superficial" ou "profundo".

Aceitei essa convenção, mas, quando um psicanalista descobre – como ocorreu comigo – motivos para questionar a utilidade de uma interpretação baseada na aceitação dessa convenção, surge um problema. A complexidade desse problema aumenta quando se torna claro que, para certos pacientes, mensurações de tempo e espaço se baseiam na realidade psíquica, e não no tempo ou espaço físicos. É possível fazer essas mensurações apenas para pacientes capacitados a tolerar frustração, pois ambas derivam de medidas de frustração. Se a personalidade não pode tolerar frustração, essa personalidade impede o desenvolvimento de qualquer aparato que possa medi-la. Assim, se essa personalidade está tantos anos, ou tantos minutos, longe de seu objetivo, aniquilará o espaço ou tempo que mede sua frustração. Portanto, prejudica-se o desenvolvimento de usos mais sofisticados dessa capacidade de medir tempo ou espaço. Produz-se um estado no qual o paciente se torna relutante em obter uma noção consciente[15] de tempo ou distância. Isso não importa normalmente, mas, quando pude considerar a natureza da memória e do desejo, dei-me conta de que os dois são o "passado" e "futuro" do mesmo impulso. Ter noção consciente

---

14 *Awareness* no original [N.T.].
15 *Awareness* no original [N.T.].

disso leva a ter noção consciente[16] da necessidade de fazer reajustes em nossas ideias a respeito de uma área demasiadamente extensa para que haja algum conforto mental no psicanalista. Sua própria experiência, nesse aspecto, é paralela à experiência do paciente (ver **32**).

Haver algum progresso na psicanálise depende, inseparavelmente, da necessidade de tolerar os dolorosos concomitantes do crescimento mental, que imediatamente revelam outros problemas que requerem solução. A importância disso ficará mais clara com o tempo; os analistas parecem não estar cientes[17] da natureza expansiva do universo em que trabalham, em parte porque é difícil perceber a existência de movimento quando o participante está intimamente envolvido com os detalhes desse movimento; e, em parte, porque não podemos, ainda, apreender as implicações da psicanálise, por vivermos em um estágio inicial da história da psicanálise. Se a experiência demonstrar que minha suspeita é correta, as dificuldades do paciente, esboçadas em **32**, são significativas, para o analisando e para o analista, caso esteja ocorrendo algum crescimento. O problema que se apresenta para o psicanalista terá uma solução que não é apenas feita pelo analisando, mas também é feita pelo psicanalista, como parte de seu próprio desenvolvimento. Um psicanalista pode se desenvolver contemporaneamente ao desenvolvimento de seu paciente; ou independentemente; ou não se desenvolver de modo algum. No último caso, o futuro de sua prática ou seu próprio futuro não fazem parte da psicanálise, ainda que possam ser parte da sociologia da prática psicanalítica. O problema psicanalítico está ilustrado nas dificuldades que enfrentei ao publicar mais uma vez o estudo "Notas sobre a teoria de esquizofrenia" (Capítulo 3 deste volume). Minha avaliação atual

---

16 *Awareness* no original [N.T.].
17 *Awareness* no original [N.T.].

é de que a descrição que forneci é uma representação consistente da realização clínica que pretendi descrever. Representa razoavelmente as experiências das quais derivou; assinala adequadamente as recorrências futuras. Usando a Grade[18] (não havia elaborado esse instrumento, naquela época), as categorias são: elementos C3 que pretendem representar realizações psicanalíticas; enunciados C1 definindo experiências do psicanalista; formulações D4 assinalando contingências futuras. No entanto, a continuidade de minha experiência em psicanálise tornou inevitável que eu me desse conta de que esse estudo é insatisfatório. É desse modo que será toda experiência acompanhada de crescimento; uma experiência valiosa torna-se desatualizada. O problema é decidir se uma experiência que tenha sido esclarecedora para um analista, poderá ser comunicada a outro analista. Caso seja, valeria a pena fazer ou receber a comunicação; não há alternativa que não a que obtemos se fizermos a tentativa. Infelizmente, é necessário um tempo imenso para que se possa fazer muitas tarefas: a comunicação; a obtenção de uma que nos parece valer a pena de ser comunicada; para receber uma comunicação feita por outros, que podem manter dúvidas intimidantes. Tampouco se pode confiar na crítica hostil, pois a natureza inefável da psicanálise torna improvável que a chamada crítica imparcial tenha algum valor maior do que servir como uma indicação do clima de opinião no qual um analista trabalha. Isso pode ser resumido dizendo que o trabalho do analista é um trabalho solitário: a única companhia que um analista tem é o paciente; e pacientes, por definição, não são confiáveis.

No entanto, pacientes procuram por psicanálise e ninguém pode compeli-los a tal procura. Consequentemente, existem razões para supormos que há um impulso para cooperação mesmo nos pacientes mais hostis; assim, é importante conhecer qual seria

---

18 Elaborada em 1963, o artigo é de 1955 [N.T.].

o significado vinculado a tal impulso. A natureza do problema fica aparente quando o paciente é um suicida, ou está ansioso para causar o maior dano possível no psicanalista, ou em todos aqueles que genuína e profundamente vão defender o bem-estar desse paciente. O esforço, tempo e dinheiro envolvidos em uma psicanálise tornam-na uma arma útil para pacientes que tenham objetivos semelhantes a esses. Se um analisando dá guarida a tais objetivos, fica evidente que psicanalistas precisam ter claros, para si mesmos, quais são seus *próprios* objetivos quando decidem ser psicanalistas. É inadequado nutrir uma ambição em ajudar o paciente, pois alguns pacientes a apreendem rapidamente, para varrer tal ambição para dentro de seu sistema de ataque. Não estarão em melhor situação os psicanalistas que eventualmente tenham formulado quaisquer outros objetivos – o paciente pode detectá-los e demoli--los. Para formular um diagnóstico (nas categorias da "Grade", F1), usei termos comumente aceitos em 35 com um valor retroativo, talvez expressando um significado para o leitor. O problema do pensamento e da linguagem do esquizofrênico inclui o problema da linguagem empregada pelo psicanalista para discuti-lo.

Entre os vários termos utilizados em 35, nenhum deles representa o estado de mente do paciente destrutivo, que tento retratar. Mesmo assim, a descrição é a uma representação que se aproxima da experiência psicanalítica. Então, o que devo pensar toda vez que encontro esses termos, quando são utilizados por outros ou, como, nesse exemplo, por mim mesmo? Olhando para trás, pode--se suspeitar que todos os pacientes usuários habituais de drogas, esquizofrênicos e obsessivos se aproximam em graus variados do extremo que descrevi, no que tange a seus impulsos destrutivos. Uma suposição mais útil: psicanalistas poderiam considerar que os termos utilizados em 35, e outros similares, vinculam conjunções constantes, cabendo a um psicanalista específico determinar quais são os elementos constantemente conjugados. No exemplo postulado, a importância para o psicanalista não é a natureza dos elementos constantemente conjugados, mas sua intensidade; uma importância real quando se encontram amor, sexo, ódio e inveja. Os termos utilizados em 34 são quase inúteis para um psicanalista praticante; se os utilizasse atualmente, o faria mais cautelosamente. Os pacientes nos quais ocorrem essas dificuldades são importantes na mesma extensão em que suas ambições destrutivas permanecem ativas. Seria tão importante que um psicanalista pudesse apreciar o "grau" como o é sua capacidade de apreciar a qualidade. No entanto, termos como quantidade e qualidade, quando utilizados em psicanálise, continuam tendo um pano de fundo sensorial[19] – algo inadequado às realizações em psicanálise. A mensuração de frustração (à qual vou me referir em um livro a ser publicado[20]) poderá oferecer uma abordagem à solução desse problema. No estado atual do desenvolvimento psicanalítico, os modelos que os psicanalistas ficam compelidos a utilizar contribuem para essas dificuldades na avaliação de quantidades. Um modelo não possui o mesmo tamanho de uma realização; seu valor é derivado parcialmente desse fato. É valioso, sob o vértice da comunicabilidade, referir-se a uma avidez do paciente usando o termo "pelo seio". No entanto, o problema do paciente pode originar-se de sua avidez por aquilo que ele considera que o mundo é capaz de fornecer-lhe – e não "pelo seio".

Há uma alteração na escala: de "seio" para "mundo". Conforme seja recebida pelo paciente, poderá ser uma alteração notável na comunicação; mas pode ser pouco importante para o analista que fez essa comunicação. Mesmo que seja notável, pode não ser

---

19 *Sensuous background* no original [N.T.].
20 O leitor interessado na ordem de publicação dos livros de W. R. Bion pode consultar as "Notas sobre esta versão para a língua portuguesa de *Second Thoughts*", no final deste livro. O livro em questão ainda não tinha nenhum título; foi publicado em 1970, e denominado de *Atenção e Interpretação* [N.T.].

observada. A redução na escala pode fazer com que o modelo esclareça quase todos os aspectos – com exceção de um: o que se refere à mensuração quantitativa.

Atualmente, as formulações em **36** e **37** não me satisfazem, mas não proponho fazer mudanças em nenhuma delas, pois qualquer modificação precisaria estar alicerçada em alguma experiência atual. Essas formulações têm mais valor se o leitor as considerar como formulações verbais de elementos da categoria C. Para mim, não são relatos do que aconteceu. São representações verbais de imagens visuais que retratam um estado emocional da pessoa que as escreveu, na época da escrita. Existe a possibilidade de que sejam úteis para estimular o pensamento para alguns leitores; em função disso, decidi publicá-las novamente. Não pretendo minimizar a importância de formulações que, em seu tempo, serviram para representar experiências que haviam contribuído para o desenvolvimento do paciente e o meu desenvolvimento. Se uma vez tiveram esse mérito, poderão tê-lo novamente.

A formulação no último parágrafo de **38** representa uma realização recorrente. Junto com **39**, contém elementos de uma configuração comum na esfera mental de grupos e indivíduos. A recorrência da configuração – a despeito do fato de que estivesse, em cada ocasião, associada a teorias psicanalíticas conhecidas – conduz-nos ao sentimento de que deve existir algum grupo subjacente, ao qual pertencem todas as configurações e teorias associadas. Na circunstância citada, há um exemplo de relacionamento (que discuti com mais detalhe em outras publicações)[21] entre continente e contido, cuja notação foi feita pelo sinal duplo, ♀♂. O modelo sexual implícito serve para direcionar a atenção do observador para um padrão constante e recorrente. A diversidade dos elementos

---

21 Ver "Mudança catastrófica", citado anteriormente. E também o Capítulo 27 de *Aprender da experiência* e o Capítulo 1 de *Transformações*.

componentes desse padrão é indicada por estarem "em um grupo"; ou "em uma pessoa"; ou "em análise"; ou "atuando"; ou "em um enunciado, palavra ou expressão", e assim por diante. Houve objeções; por exemplo, "atuando" seria meramente uma peculiaridade verbal de uma tradução para o português.[22] No entanto, não me refiro a expressões verbais, mas a uma *configuração* – pode aparecer em uma formulação verbal; ou em uma realização sob uma imagem visual, e, além disso, pode aparecer sob vários modos: em uma experiência emocional, sob uma linguagem, mas não em outra; pode ser consciente para um paciente, mas não em outro; pode aparecer, por vezes, sob forma de pensamento e, em outras, sob a forma de uma ação. Em todas as vezes que a configuração aparece, o elemento importante é reconhecê-la. Quando as experiências emocionais traem o padrão, isso pode ter um significado peculiar, mas o que desejo enfatizar no momento é a importância de reconhecer a configuração onde quer que apareça. Suponho que essas palavras que estou escrevendo "contenham" um significado; mas a expressão verbal pode ter ficado tão formalizada, tão rígida, locupletada por ideias já existentes, chegando ao ponto de extinguir toda e qualquer vida que a ideia que desejo expressar um dia já havia possuído. Por outro lado, o significado que desejo expressar pode ter tal força e vitalidade em relação à formulação verbal na qual tento contê-la, com muita luta e dificuldade, que esse significado destrói o continente verbal. O resultado nunca será uma comunicação compactada, mas uma incoerência. Outros exemplos: um grupo e sociedade desorganizados; ou um líder que não lidera um grupo; a psicanálise fornece-nos um exemplo notável da força, ideia ou indivíduo em tensão constante com seu continente, seja ele uma formulação verbal ou sociedade.

---

22 *Acting out* e *English* no original. Ver assinalamentos sobre controvérsias literárias a respeito de versões do alemão usado por Freud nas "Notas sobre esta versão para a língua portuguesa de *Second Thoughts*" [N.T.].

A totalidade de **39** (sugeri que será mais conveniente tratar essa totalidade como um elemento da categoria C) focaliza um problema para o futuro da psicanálise. Considerei os elementos da categoria C como o material do qual deriva o uso científico dos modelos. Modelos têm uma vantagem: não comprometem o psicanalista com a rigidez formal da teoria, mas apresentam-lhe um instrumento descartável, assim que tenha cumprido seu propósito. Isso pode ocorrer rapidamente ou depois de um intervalo considerável e de muitas experiências nas quais o modelo mostrou utilidade. É fácil compreender o valor do uso de modelos nas ciências físicas, nas quais se lida com um material cujo pano de fundo é sensorial; ou pelo menos deriva, de modo bastante próximo, desse pano de fundo. Em minha definição, componentes sensoriais são um aspecto da categoria C, cujos elementos devem seu valor expositivo para enunciados verbais a esses componentes sensoriais. No entanto, é precisamente essa qualidade que deixou o modelo psicanalítico vulnerável a distorções e mal-entendidos. O modelo psicanalítico reproduz um aspecto da experiência original: a realização sobre a qual se faz a comunicação – constituindo-se em uma nova mídia. O modelo precisa mostrar as invariantes representadas, como se fosse um retrato, nessa nova mídia que, supõe-se, estejam discriminadas na realização. Mas a realização psicanalítica não fica diferenciada por nenhum dos sentidos físicos conhecidos por biólogos. No capítulo sétimo de *A interpretação dos sonhos*, Freud nos fala a respeito da consciência como o órgão sensorial da realidade psíquica. Não é necessário ser um psicanalista para ficar convencido da realização que se aproxima do termo "ansiedade". Ansiedade não tem cor, nem forma, não emite odores nem tem qualquer outro atributo sensorial. E isso é verdade para toda e qualquer realização psicanalítica. Não há nenhuma dúvida de que os assuntos com os quais lidamos são reais, mas têm que ser descritos em termos cuja natureza introduz distorções.

Demanda-se um modelo para discutir os assuntos em **39**. Não há nenhum modelo psicanalítico satisfatório. O paciente, ao falar de um buraco, de uma cavidade deixada em sua pele após a remoção de um cravo,[23] fez uma abordagem mais próxima às funções de um modelo. Modelo este que não o auxiliou a resolver seu problema; pois, se o fizesse, o paciente não procuraria por uma psicanálise. O problema do paciente não requer uma medida terapêutica para resolver uma queixa dermatológica, pois trata-se de um problema apresentado pelo seu sentimento de ter perdido uma parte importante dele mesmo, no seu "limite mental", por meio de ataques destrutivos sobre esse mesmo limite. Ficou então atacado pelo "buraco", que se tornou parte de sua pele mental, agora um resíduo depois que o paciente fez seu ato destrutivo. À guisa de modelo, esse enunciado que acabei de formular é inferior comparado à figura de retórica por imagem[24] sensorializada na frase do paciente. Então, qual é o problema com esse modelo do paciente, que fracassou por achar uma solução? Qual é o problema com o meu modelo, que ficou impreciso e implausível? Na prática, pode-se superar o defeito do *meu* modelo, pois esse modelo se refere a uma questão cuja discussão é simultaneamente construída e experimentada pelo paciente e pelo psicanalista, e tudo que é necessário é o emprego de palavras que sejam capazes de revelar uma experiência disponível para os dois *enquanto* permanece disponível para os dois. No entanto, como neste momento no qual estou escrevendo, e o leitor está lendo, inexiste, apelos para uma experiência emocional. A "revelação" que eu, o escrevinhador, desejo fazer ainda não ocorreu: é a experiência que, em minha opinião, um psicanalista lendo esse texto provavelmente terá. Portanto, o fracasso na comunicação é

---

23 Comedão, na linguagem médica usada por dermatologistas [N.T.].
24 *Imagery* no original. Preferi não usar nenhum neologismos anglicizados, como "imagética", optando pela descrição do sentido do termo em português [N.T.].

fundamental, não é meramente acidental. A matemática capacita matemáticos a manejar um problema na ausência dos objetos: um problema similar ao dos psicanalistas. No domínio das ciências físicas, quando o problema original não admite as necessárias experimentações e manipulações, pode-se construir um modelo que termine com os aspectos obstrutivos e ao mesmo tempo mantenha inalterado o que é essencial – a invariância.[25]

O problema delineado em **39** demanda um modelo, pois não existem as duas "realizações originais". Uma delas ocorreu durante circunstâncias que já não existem. Até o ponto em que existam, trata-se apenas de uma "existência" na memória; a outra "realização original" não existe por não ter ocorrido; até o ponto em que exista, "existe" apenas sob forma de *phantasia*. Consequentemente, os dois "originais" não estão disponíveis para investigação direta. Há formatação de algum modelo que possa fazer por um psicanalista aquilo que modelos fazem pelos praticantes da ciência física? Caso tal mecanismo esteja disponível, poderia ser utilizado para substituir a formulação em **39**. Penso que acabaria com as distorções e mal-entendidos que a presente formulação convida a fazer. Do modo que está, fica um conglomerado de um certo número de formulações de diferentes tipos – imagens visuais, teorias e enunciados que tentam representar eventos factuais. Admitindo o fato de que um escrevente mais capacitado, que pudesse ser chamado de escrevente, conseguisse corrigir alguns desses erros, não penso que o problema seja, realmente, a capacidade de escrever. Há a necessidade de se obter uma formulação reconhecida que possa ser compreendida por todos os psicanalistas, mostrando as invariâncias em um evento que se tornou inconsciente, pois foi

---

25 O estudo de transformações em torno, ou subjacentes, ou superjacentes às invariâncias está no livro *Transformações*, publicado dois anos antes do presente livro [N.T.].

obscurecido por memória, embora *tenha* acontecido; e um evento que é manifesto pois foi revelado pelo desejo, embora não tenha acontecido. Memória e desejo podem ser considerados como "sentidos" passado e futuro da mesma "coisa" (análogo ao conceito matemático de "sentido" e aplicado indiferentemente ao tempo ou espaço). Fazendo uso do termo sentido desse modo, uma formulação d⃖esejo teria o mesmo valor que uma formulação mem⃗oria, em que a primeira se refere a um evento que já ocorreu mesmo, e a segunda, a um evento que ainda não ocorreu e, portanto, não é descrito, usualmente, como "lembrado". Um paciente que pudesse ser descrito, nos termos de um português[26] coloquial, como "lembrando" de algo que não ocorreu poderia assemelhar-se a um paciente que foi descrito como alguém que está alucinando. De modo inverso, um paciente que *não* se lembra do que *ocorreu*, por meio de uma operação de d⃖esejo, ou *lembra* do que *não* ocorreu por meio da operação da mesma atividade, poderia, igualmente, ser reconhecido como pertencendo ao mesmo grupo subjacente de "alucinose".

O conceito de "sentido" que estou introduzindo não tem sido reconhecido na prática psicanalítica, e o arsenal do psicanalista tem sido deficiente, na mesma proporção, de observações de onipotência e onisciência. É extremamente comum que estudantes de psicanálise observem pacientes cujas referências a Deus revelem a operação de "memórias" do pai. O termo "Deus" parece indicar a escala pela qual se pode medir a magnitude, sabedoria e força paternas. O psicanalista que preserva sua mente aberta para os fenômenos mentais que se desenrolam durante a experiência psicanalítica estará livre para apreciar a importância do sentido que descrevi há pouco. A consequência é que esse psicanalista não se restringiria a interpretações de Deus como se demonstrasse uma

---

26 *Conversational English* no original [N.T.].

visão distorcida do pai, mas avaliaria a evidência, caso esta se apresentasse, para supor que esse analisando está incapacitado de ter uma experiência direta de Deus, e que a experiência de Deus não ocorreu pois foi tornada impossível pela existência de desejos e memórias.

As experiências delineadas no item **39** indicam o grau no qual memória e desejo obstruem a relação do paciente com um seio ou pênis ausentes, em um nível mental, ou em uma época de vida na qual este tal objeto fora tão importante, a ponto de poder evocar sentimentos análogos ao que, em um adulto, seriam um temor reverencial[27] religioso. Isso pode ser representado por desejo. Levando a evidência para outro aspecto, o sentido memória, sua importância seria a revelação da magnitude na qual a relação do paciente com Deus estava perturbada por modelos desejados sensorialmente (ou seja, elementos pertinentes à categoria C), que impediam a experiência inefável, em função de sua concretude – e, portanto, sua inadequação para representar a realização. Em termos religiosos, essa experiência parece ser representada por enunciados a respeito de que o indivíduo, ou a raça errante, se deixou enganar por imagens esculpidas, ídolos, estatuária religiosa etc. ou, em psicanálise, pelo analista idealizado. É necessário fornecer interpretações baseadas no reconhecimento do desejo, mas essas interpretações não podem ser derivadas nem fornecidas a partir do reconhecimento da memória sensorializada. A necessidade para tais apreciações e interpretações é de longo alcance. Poderia estender a teoria psicanalítica para que abrangesse a visão dos místicos – a partir do *Bhagavad Gita* até o presente momento. O psicanalista que aceita a realidade da reverência e do temor reverencial, e

---

27 *Awe* no original. Bion escreveu esses comentário na mesma época (1966-1967) que apresentou um trabalho oral em Los Angeles sobre o temor reverencial. O trabalho está publicado em *Cogitações* (publicado postumamente, por Francesca Bion, em 1992) [N.T.].

a possibilidade de haver um distúrbio no indivíduo que o impede de se tornar uno-a-si-mesmo, aceita a possibilidade de impedir a expressão de reverência e temor reverencial. Há um postulado central e essencial para um desenvolvimento mental harmonioso: evitar envolvimento com alguma associação já existente – será um estado de estar-se uno à Realidade última, ou O, como a denominei.[28] Segue-se que uma interpretação envolve a elucidação de evidências que tocam o estado de estar uno-a-si-mesmo,[29] e não apenas evidências da operação incessante de um relacionamento imaturo com um pai. A introdução de "sentido" ou "direção" envolve extensões na teoria psicanalítica atualmente disponível. Distúrbios na capacidade de estar uno-a-si-mesmo[30] associam-se a atitudes megalomaníacas.

O paciente em **39** teve uma atitude em relação aos orifícios persecutórios em sua pele que mostrava, em última análise, as mesmas características que encontramos em uma atitude religiosa diante de ídolos. É necessário que um psicanalista contraste a atitude revelada pela psicanálise com a atitude do paciente diante de seu pai, ou de seu psicanalista, ou do Deus ao qual o paciente está preparado para tecer reverências. Em resumo, o indivíduo tem e retém aquilo que pessoas religiosas denominam uma crença em Deus, independentemente do quanto essa pessoa negue ou reivindique ter se emancipado dessa crença. A relação final é permanente, ainda que sua formulação fique constantemente sujeita a reformulações. Uma falha em reconhecer esse vértice torna impossível obter uma visão balanceada de um indivíduo ou de um grupo, estando na raiz da suposição de que haveria uma "reação

---

28 Em *Transformações* [N.T.].
29 *Atonement* no original – conceito que Bion irá definir em *Atenção e interpretação* [N.T.].
30 *Atonement* no original [N.T.].

terapêutica negativa". Discutirei sua conexão com o ato de o paciente realizar sua própria insanidade.

Em 40 o analisando mostra ansiedade e hostilidade em relação àquilo que chama de esquizofrenia e à sua capacidade de se dar conta disso. Um paciente psicótico fica sujeito a emoções poderosas e é capaz de despertá-las nos outros; ou pelo menos parece ser capaz, até que se examine mais de perto a situação. A psicanálise de um paciente psicótico revela uma "situação" complexa, em vez de um paciente complexo. Há um campo de força emocional no qual os indivíduos parecem perder seus limites, como indivíduos, e tornam-se "áreas" circundantes ao próprio indivíduo. Desenfreadamente, jogam-se emoções em torno, e também por meio dessas "áreas": um campo emocional do qual nem o psicanalista, nem o paciente podem se eximir de participar. É necessário que um analista seja capaz de algum distanciamento desse campo, se comparado com outros indivíduos, pois é impossível ser analista *e ao mesmo tempo* ficar dissociado do estado mental que, supõe-se, está sendo analisado por ele. O analisando não pode se dissociar do estado de mente que ele mesmo precisa ter para ser analisado. É mais fácil entender esse estado de mente caso seja considerado como o estado de mente de um grupo, e não exatamente de um indivíduo, mas transcendendo os limites que usualmente consideramos como adequados a grupos ou indivíduos.

Um psicanalista comprometido em fazer a análise de um paciente esquizofrênico precisa adaptar-se às demandas do aparato psíquico desse paciente, enfrentando uma experiência de improvisação. Uma grande vantagem do psicanalista é que ele dispõe do relacionamento com o analisando; algo que lhe falta no relacionamento com seus colegas ou outros que estejam fora dessa experiência. O analisando tem disponível essa experiência à sua própria intuição, caso permita que o psicanalista chame sua atenção a ela.

Pessoas que não têm experiência em psicanálise não podem beneficiar-se das formulações de um analista, pois estas formulações dependem da presença da experiência que está sendo formulada. Essas pessoas encontram-se em posição análoga à de alguém que, em termos de capacidade matemática, ainda não conseguiu chegar ao ponto de lidar com um problema no qual haja ausência dos objetos do problema. Sua posição, *vis-à-vis* o problema, é similar à de uma pessoa que precisa fazer um experimento com o objeto original, mas está desprovida da ajuda de um modelo interveniente, que possa manipular. Não há nenhum irmão com o qual se possa elaborar problemas de relacionamento com o pai. Ou, como diria um religioso, inexiste alguém que possa interceder junto a Deus em prol do indivíduo. Na falta de uma contraparte para o modelo, ocorrerá a manipulação direta do original, negando ao psicanalista um dos instrumentos que o trabalho psicanalítico requer, contribuindo para um estado de perene *acting out*. Que, por sua vez, evidencia que o psicanalista não está – nem pode se comportar como se estivesse – lidando com modelos (verbais ou outros) do problema, mas com o próprio original. A consequência é que uma psicanálise com a personalidade psicótica tem uma qualidade que a faz muito diferente de uma psicanálise com a personalidade não-psicótica. De modo inverso, a relação com a realidade externa sofre uma transformação paralela a um relacionamento com a realidade psíquica no qual falta um modelo interveniente (ou "intercedente"). Não há nenhuma "personalidade" intervindo entre o analista e o "inconsciente"

Resumindo: trata-se de uma investigação na qual os "originais" se mantêm além da própria investigação sem o auxílio dado por um modelo. O fato de que nem o original está existindo torna essencial que haja algum modo de fazer com que o modelo permita lidar com esse problema, ou seja, há um problema (inexistência tanto de modelo como do original) que é parte do problema a ser resolvido; por assim dizer, um problema do problema. Essa é a característica que precisa ser espelhada no modelo.

Antes de abandonarmos a discussão a respeito de "sentido" ou "direção", será necessário mencionar uma característica matemática das etapas iniciais de resolução de problemas. Um indivíduo pode pensar que o problema é vasto, ou complicado, ou então inatingível. O ato de fazer um modelo constitui-se como tentativa de colocar o problema sob seu alcance. Quando esse indivíduo se defronta com aquilo que, comparado a si mesmo, é uma quantidade ou número infinito, liga o "inumerável" ao nome "três" tão logo experimente uma sensação: a de "três-ice". O "número infinito" tornou-se, agora, finito. A sensação de "três-ice" por ele experimentada torna-se então "englobada": o que era infinidade agora é três. Infinidade (ou "três") é o nome de um estado psicológico e se estende para aquilo que estimula esse estado psicológico. O mesmo é verdade no que tange a "três": se torna a designação daquilo que estimula a sensação de "três-ice". "Três" e "infinidade" são, então, exemplos de uma forma peculiar de modelo: podem ser considerados incorporações de um estado psicológico, por exemplo, "pai"; ou, como "pai", "três" e "infinidade" podem ser considerados como relacionando-se, ou disponibilizando em termos de comunicação, um estado psíquico que é peculiar aos seres humanos. A partir de um vértice, "três" conecta uma conjunção constante "arrebatada do infinito obscuro e sem forma". É um sinal de que imprecisão foi substituída por precisão. Qual será o sentido no qual "três" é preciso, e "infinito", impreciso? Com certeza, não é no sentido matemático, pois os matemáticos empenham-se ao máximo para conseguir uma notação que, independentemente da inexatidão que caracteriza seu contexto genético, ao ser transplantada para um novo domínio, terá o papel de transmitir o mesmo significado, de modo universal. Obter precisão em psicanálise é algo limitado pelo fato de que a comunicação é de um tipo primitivo, necessitando da presença do objeto. Termos como "excessivo", "centenas de vezes", "culpa", "sempre" obtêm um significado, resguardado o fato de que o objeto a ser discutido esteja presente. Nunca está presente em uma discussão entre psicanalistas; o intercâmbio entre psicanalistas tenderá ao jargão, ou seja, a uma manipulação arbitrária de temos psicanalíticos. Mesmo que não aconteça, sempre irá apresentar a aparência de que é isso que ocorre. A crítica de que psicanálise não é matematizável, e, portanto, não pode ser científica, baseia-se em um equívoco na compreensão da natureza do problema e da natureza da espécie de matemática que se emprega. Psicanálise lida com um assunto no qual não se pode utilizar nenhuma forma de comunicação que poderia atender às necessidades requeridas para resolver um problema, quando o próprio problema não está presente. Não se pode sequer utilizar modelos que forneceriam algum substituto que fosse adequado para o que havia sido, originalmente, esse problema. Essa situação desencaminhou até mesmo críticos amigáveis, pois, usualmente, a linguagem que psicanalistas usam tem muita semelhança com a linguagem coloquial. Reciprocamente, fazem-se enunciados em uma conversa comum os quais parecem dizer exatamente a mesma coisa que psicanalistas dizem – muitas vezes, de um modo melhor. Ao ouvir um programa transmitido pela BBC, a respeito de psicanálise, deparei-me com a seguinte sugestão, dada por um participante leigo: Freud não disse nada além daquilo que todas as pessoas já sabiam. Caso consideremos que Freud meramente chamou nossa atenção para a existência de sexo, essa crítica parece ter uma verdade típica de um lunático. A realidade de uma experiência psicanalítica demonstra a falsidade de uma suposição desse tipo. Um enunciado a respeito de uma experiência sexual, na presença da experiência sexual do modo que pode se mostrar na transferência, tem um significado diverso daquele que as mesmas palavras contêm em outro contexto, diferente do contexto analítico.

Antes de considerar as diferenças entre a personalidade psicótica e a não psicótica, preciso referir-me, ainda que brevemente, ao item **41**, no qual discuto resultados. Vou me referir com frequência a esse tópico, pois o progresso da psicanálise levou-nos a abandonar a situação[31] em que tinham todo o sentido as ideias de "cura", "tratamento" e "resultados".

Analisar um psicótico oferece uma oportunidade de ver o que significa trabalhar quando se está insano. O uso dos termos "psicótico" e "insano" demanda uma discriminação: um analisando pode ser psicótico e insano, e psicótico e são. É útil considerar um tipo de progresso psicanalítico em uma escala que vai da psicose insana à sanidade psicótica. Até escrever o presente "Comentário", não havia me dado conta da extensão em que ideias de cura, baseadas num pano de fundo de experiências sensoriais e no princípio do prazer, permeiam não só a psicanálise, mas todo o âmbito da vida mental ou espiritual. Um exame do que conhecemos como sinopses evangélicas[32] demonstra até que ponto a abordagem religiosa no âmbito da vida mental faz uma ativação do aparato de expectativas de "cura" das emoções e experiências "dolorosas", por meio de medidas apropriadas à dor física, associada a alívio físico e terapêuticas físicas. Não foi necessário que São Lucas tivesse formação médica – uma situação clara no evangelho de São Marcos – ou que a formação de Freud tivesse sido um treinamento em medicina física para o desencadeamento de expectativas de cura aliadas a um histórico de dor física. Poderia ser resumido: "Há uma dor. Tem que ser removida. Alguém deve removê-la imediatamente. De preferência por magia ou onipotência, ou onisciência, e de uma vez só. No caso de falha, por ciência". Pode-se descrever o conflito entre as

---

31 *State of affairs* no original. Optei por não me utilizar do anglicismo atual em português, "estado de coisas" [N.T.].
32 Referência aos Evangelhos de Lucas, Mateus e João.

personalidades psicótica e não psicótica como um conflito entre uma parte religiosa da personalidade e uma parte científica da personalidade. Há semelhança nas duas visões conflitantes: as duas incorporam um fanatismo preconceituoso; as duas relembram duas personalidades em um tipo de guerra em que o sucesso é marcado pela aniquilação da experiência dolorosa, ou pela aniquilação da noção consciente dessa experiência. De modo inverso, obter-se uma noção aguçada de experiências emocionais dolorosas marca um tento contra a abordagem – científica ou religiosa – responsável por essas experiências dolorosas. Psicanalistas podem agir como se estivessem adotando essa visão, que oferece uma explicação e justificativa mais simples para o tempo e o dinheiro gastos em fazer-se uma psicanálise. Caso não houvesse tal justificativa, seria muito difícil justificar a prática da psicanálise. Além disso, fornece a psicanalistas e analisandos uma "memória" que lhes dá uma sensação de segurança, advinda do sentimento de que não estão engajados em nenhuma atividade nova para o grupo humano.

Um estudo para a Sociedade Britânica de Psicanálise – uma versão resumida, "Mudança catastrófica", foi publicada no Boletim Científico dessa sociedade – chama a atenção para uma configuração recorrente, descrita como a relação entre um continente e um contido (♀♂).

Uma entre as manifestações desse relacionamento é o conflito entre o "establishment"[33] de um grupo e o "místico" – um membro desse grupo. Encontramos o mesmo conflito no relacionamento entre uma ideia e o enunciado dessa ideia (verbal, pictórico ou artístico), cuja intenção é contê-la. A psicanálise é uma dessas ideias. Qualquer formulação de psicanálise, ou qualquer pessoa que a

---

33 O leitor pode consultar as "Notas sobre esta versão para a língua portuguesa de Second Thoughts", ao final deste livro, para examinar os motivos da adoção do termo em inglês [N.T.].

entretenha, ou o grupo (como uma sociedade psicanalítica) que a albergue evidenciam o conflito. A pessoa ou o grupo que abandone a concha protetora provida por ideias familiares ficará exposta às forças disruptivas (mesmo que sejam criativas) da ideia "contida". Consequentemente, à guisa de barreira defensiva, mantém-se "memória" em constante restauro. Entre essas "memórias" em uma sociedade psicanalítica está, de modo proeminente, a ideia de cura. Trata-se de uma preconcepção em K: ou seja, uma pré-concepção (categoria D) que não se casa com uma concepção, como parte da atividade em K, mas com uma "memória" para tornar-se um elemento saturado (similar a um elemento beta), para impedir desenvolvimento ou mudança catastrófica. Um psicanalista não precisa ficar surpreso caso se encontre relutante em abandonar o desejo por cura, ou a ideia de cura, como o ficam seu analisando e seu grupo. O abandono não é consecutivo a algum ato de vontade própria. Há um passo curto a ser dado entre o abandono da "cura" e a descoberta da realidade de uma psicanálise e da falta de familiaridade do universo da experiência psicanalítica. Igualmente a todo e qualquer desejo, o "desejo" de uma cura é um exemplo preciso de um desejo que não pode ser entretido por um psicanalista. Não havia apreendido a importância dessa situação, embora tenha suspeitado de que era importante: o leitor encontrará evidências dessa situação em todos os estudos coletados para este livro.

Há um fato que intensifica a tentação de um desejo de cura: todos aqueles que se submetem, de modo bem-sucedido, a uma psicanálise obtêm uma experiência muito similar à ideia popular de "cura"; portanto, supõem que o resultado do "tratamento" psicanalítico é o de que ficaram "curados". De modo semelhante, é necessário que haja suspeita todas as vezes que aparece a ideia de "resultados" – derivada da atitude comum aos cientistas do mundo físico, cuja experiência está relacionada a impressões sensoriais – embora, muitas vezes, a intervenção do aparato sensorial oculte esse fato. Seria irônico se uma ideia que os físicos tendem a descartar fosse retomada por psicanalistas; deveríamos estar entre os primeiros a perceber a inadequação de modelos nos quais os resultados ocupam um lugar de destaque. Em 11, afirmo que se desfaz um bom trabalho quando um psicanalista busca reassegurar o paciente: atualmente, não creio que seja necessário um psicanalista reassegurar o analisando, porque o analisando pode obter segurança pela aparente semelhança da psicanálise com o modelo de tratamento físico e cura. Experiências de doença física e tratamento, por muitas gerações, estabeleceram um modelo, uma "memória", que atua automaticamente como uma barreira contra a intrusão de fatos perturbadores. Queixas contra uma psicanálise ineficaz podem ser vistas como o reverso das crenças reconfortantes associadas a modelos de tratamento e cura.

O ato de abandonar memórias e modelos derivados da medicina física envolve a experiência de problemas que psicanalistas poderão considerar como estando fora de seu âmbito de trabalho, ou de sua capacidade. Frequentemente, parecem pertencer a disciplinas para as quais eles não foram treinados. A experiência do psicanalista com questões filosóficas é de tal modo real que frequentemente um analista adquire uma compreensão mais clara da necessidade de um pano de fundo filosófico do que o filósofo profissional. O pano de fundo da filosofia acadêmica e o primeiro plano realístico da experiência psicanalítica se aproximam mutuamente; mas o reconhecimento de um pelo outro não é tão frequente nem tão frutífero como poder-se-ia esperar.

No início do artigo sobre "Desenvolvimento do pensamento esquizofrênico" (julho de 1955, Capítulo 4 deste volume), relato que a tentativa de dar ilustração clínica foi malsucedida e que me restringi à descrição teórica. Atualmente, considero otimista a ideia de que o problema de comunicação estaria simplificado desse modo. Considero, agora, que as ilustrações clínicas são classificáveis como elementos da categoria C. Assemelham-se a relatos de eventos passados, transformações de imagens visuais, modelos, mas não podem ser descritas sob nenhum desses modos, pois não satisfazem requisitos psicanalíticos. Aplicar critérios "científicos", como têm sido entendidos, não produz nenhuma solução – mas não posso propor uma solução melhor. Psicanalistas insatisfeitos com a qualidade científica de seu trabalho precisam buscar por si mesmos melhores padrões. A "descrição teórica" à qual pensei me restringir é apenas a substituição de uma formulação sofisticada por uma formulação que emprega termos com um pano de fundo sensorial. Uma experiência sobre a qual não tive dúvidas não parece convincente para quem não tem experiência em psicanálise. A convicção não pode ser transmitida nem mesmo de um psicanalista a outro, a menos que seus métodos de trabalho sejam extremamente próximos. Até agora isso significou que dois psicanalistas compartilham o mesmo arsenal terapêutico; isso envolve o perigo de que o psicanalista veja apenas aquilo que quer ver. Se dois psicanalistas têm sucesso em minimizar a operação de memória e desejo, minimizam o perigo de conluio e aumentam a chance de compartilhar da mesma experiência – a de "ver" os mesmos mecanismos em funcionamento. As formulações utilizadas neste artigo são transformações verbais de intuições psicanalíticas.

Formulações sobre fenômenos transferenciais são insatisfatórias, ainda que sejam corretas até o ponto ao qual conseguem ir. Atualmente, empregaria em **41** uma base geométrica (categoria H) para poder transformar a experiência psicanalítica nos termos da categoria C, ou seja, em uma imagem visual. Para comunicar a experiência em psicanálise, utilizo uma sofisticada categoria (H) de forma primitiva (C). Nesse estudo, falo sobre transferência como se fosse um vínculo linear – uma linha sem largura, unindo psicanalista e paciente. Mas, no momento, vejo-a mudando na situação estressante de ações e reações de uma psicanálise, em que o vínculo transferencial, em um certo momento, é uma linha e, em outro, se transforma em um plano. Um psicanalista limitado por uma linha tênue e tenaz de repente se encontra em contato com uma superfície ou plano "monomolecular". O paciente tem um contato preciso com o psicanalista, e o psicanalista encontra cada um de seus estados de ânimo refletidos na transferência. Se um deles ficar irritado com o zumbido de uma mosca ou com um barulho na rua, ou com o impacto de alguma comunicação grave ou perigosa sobre um paciente ou parente, esse estado ficará refletido no clima. Mas a profundidade (ou espessura da transferência planar) pode ser tão pequena que não haverá discriminação de qualidade desses humores. Têm o mesmo valor; a mosca zumbindo ou uma notícia séria e perturbadora lançam uma reflexão igual; ambas são observadas pelo paciente, uma não é maior nem menos significativa do que a outra. A mudança de transferência pode ser representada pictoricamente desde "a linha sem largura" até "o plano sem profundidade".

Psicanalistas experimentam dificuldades que surgem quando permitem o enfraquecimento de uma intuição que haviam obtido; substituem-na por aquilo que andaram aprendendo sobre teorias; e da experiência de seu próprio psicanalista. Esse impulso é facilmente estimulado. Um hábito, uma vez contraído, é difícil de controlar; o efeito sobre a intuição do psicanalista será, inicialmente, ruim; depois, desastroso. Caso um psicanalista possa se permitir obter condições necessárias para "ver" o que se passa, firmará sua realização de psicanálise; diferenças entre os psicanalistas quanto ao que observam assumiriam proporções mais modestas. O problema de o psicanalista reconhecer sua dívida com trabalhos anteriores não ficará dificultado sempre que for excluído de sua própria mente no momento que estiver trabalhando com um analisando.

É necessário combinar a hostilidade do paciente psicótico contra seu aparato mental, ou como o aparato mental de outra pessoa que o coloca em contato com a realidade, com a atitude desse paciente em relação à realidade psíquica. O paciente psicótico parece estar particularmente atento e perseguido pela sua própria realidade psíquica. Não enfatizaria nenhum aspecto particular desse paciente, por exemplo, estados confusionais, embora certamente sejam dolorosos, mas sua totalidade, o prazer ou dor psíquicos. O problema está associado ao domínio do princípio prazer-dor, como seria de se esperar, mas atinge sua qualidade peculiar porque o princípio prazer-dor dominante precisa operar no domínio endopsiquico do prazer e da dor. Uma solução adequada nunca fica disponível, pois sua gênese está no domínio da realidade externa. É como se o analisando se sentisse obrigado a lidar com um tipo de problema em que sua psicanálise seria necessária, como atualmente sabemos, em um tempo no qual, na melhor das hipóteses, só se poderia esperar que esse mesmo paciente pudesse lidar, em colaboração com uma mãe, com a fome física. Em outras palavras, desde o início da vida, o paciente sente que seu mundo mental requer atenção especial. Isso é diferente de ter uma dotação física, digamos, problemas de doenças *físicas*, que requerem atenção especial.

No que se refere às demais seções do artigo, **44-50**, as descrições dificilmente levarão a erro se forem consideradas formulações da categoria C e utilizadas pelo leitor como "modelos de divulgação".[34] É necessário que sejam lidas e esquecidas, mas que se permita que reapareçam, como parte da evolução peculiar a uma situação emocional psicanalítica particular. Os comentários na conclusão (**50**) relacionam-se a um vértice no qual a "cura" ou "melhora" aparece como significativa; na época em que escrevi o artigo, não reconheci quais seriam os vértices; não tinha nenhum motivo para perceber a inadequação da ideia de "cura". O estudo

---

34 Ian T. Ramsey, *Models and Mystery* (OUP, 1964).

seguinte mostra claramente até que ponto considerei o vértice de "cura" como o único. Isso exclui muitas possibilidades das quais um psicanalista deve estar ciente, e então preciso enfatizar, por meio de referências ao próprio estudo, algumas das desvantagens. Em 51, considero que toda e qualquer ideia de que um desenvolvimento seja importante do ponto de vista terapêutico será menos relevante do que uma ideia de que um desenvolvimento seja importante do ponto de vista psicanalítico. Um desenvolvimento pode ser considerado importante terapêutica e psicanaliticamente; considero que a última ideia pertence a uma categoria diferente, e mais importante, do que a primeira. No mesmo parágrafo, refiro-me a melhorias, mas a "melhoria" sempre fica na opinião de alguém, e de acordo com algum padrão estabelecido (mas não mencionado). Essa avaliação é útil na medida em que pretende medir a mudança, embora vagamente; mas a avaliação em si não tem significado (e muito menos o *único* significado) para a psicanálise, no sentido de que "cura" e "melhoria" têm um significado no domínio da medicina física. Avaliações de valor moral ou social são emprestadas da religião; ou da moral; ou da política – sem consideração de sua aplicabilidade à psicanálise. Isso é tanto mais surpreendente quanto os critérios do analisando são questões adequadas para investigação. Não questiono as "melhorias"; questiono a aceitação inquestionável do aperfeiçoamento como objetivo ou desejo próprio de um psicanalista. Disse que não há lugar para o desejo em psicanálise; não há lugar para memória, que se baseia e é inseparável de desejos relacionados a atividades passadas, diferentes da psicanálise. O desejo de ser um bom psicanalista impede a pessoa de *ser* um psicanalista.

Hoje, não iria além da minha última frase em 51: "as melhorias que tenho visto merecem uma investigação psicanalítica". Mais do que isso seria impor um padrão de progresso impeditivo à observação desses vários padrões de progresso, de suas origens e de qual seria o seu papel em psicanálise.

Pode parecer surpreendente que eu tenha feito reconhecimentos a poucos trabalhos de autores precedentes. Tenho ficado mais (e não menos) persuadido desse aspecto do trabalho em psicanálise. Um psicanalista necessita de uma capacidade para ver as implicações daquilo que seus pacientes e seus predecessores psicanalíticos dizem, e não a quantidade de modos pelos quais o fazem. Muitos psicanalistas reconhecem as implicações do estudo sobre *Os dois princípios de funcionamento mental* (1911) de Freud. Isso não significa que esses fatos tenham sido reconhecidos por algum psicanalista em particular. Memória, como de costume, oferece um substituto rápido, pelo menos na aparência, para permitir que uma evolução comece na mente do leitor. O que afirmei sobre as sessões psicanalíticas se aplica à *experiência* de leitura de uma obra psicanalítica. É necessário ler o estudo de Freud e é necessário "esquecer" esse mesmo estudo. Só assim será possível produzir as condições nas quais, quando esse estudo puder ser lido novamente, se estimulará a evolução de novos desenvolvimentos. Só há tempo para fazer isso com os melhores estudos; mas apenas os melhores estudos têm o poder de estimular uma leitura *defensiva* (do assunto desse estudo) como um substituto para experimentar o próprio estudo – algo que denominei em outro lugar de Transformações em K, substituindo Transformações em O.[35] Os mesmos comentários são válidos para os estudos de Melanie Klein.

Essa visão de que estudos em psicanálise precisam ser tratados como experiências, que afetam o desenvolvimento do leitor, não será aceita por todos os psicanalistas. Não estou asseverando que seja uma questão de escolha consciente, determinada por desejos do leitor. Mas afianço que certos livros, como certas obras de arte,

---

35 W. R. Bion, *Transformações*.

despertam sentimentos poderosos, estimulando o crescimento, independentemente de a pessoa querer ou não. Como todos nós sabemos, assim foi com Freud.

Expandi esse tema em "Mudança catastrófica"; em consequência, não irei fazê-lo neste momento. As obras para as quais chamei a atenção representam muitas horas de difícil leitura – o que, a princípio, pode não ser aparente. Penso que essas obras são esclarecedoras, ainda que não sejam adequadas. O mesmo ocorre com meu estudo – mas ainda não estou em condições de melhorá-lo além do que disse anteriormente sobre a transferência psicótica. Portanto, deixo-o conforme o escrevi. Trato mais detalhadamente dos pontos de vista apresentados em **58** em meu artigo posterior "Ataques contra os vínculos" (Capítulo 8 deste volume).

Em **63-68**, forneço uma descrição para representar uma experiência real de uma sessão em psicanálise. Penso que essa experiência foi excepcional: o paciente cooperou dentro dos limites impostos pelo seu estado mental – que ele considerava, de alguma forma, "doente" e necessitando de "tratamento". Parecia considerar que psicanálise seria um tratamento. Considerei razoáveis as visões desse paciente. No entanto, atualmente penso ser necessário questionar toda e qualquer visão expressa por todo e qualquer analisando. Uma atitude de dúvida filosófica constitui uma ferramenta do psicanalista; é de suma importância preservar tal "dúvida" – é sobre ela que se pode construir uma psicanálise. Um paciente fazendo ataques a vinculações mostrará aversão por um psicanalista capaz de preservar uma atitude de dúvida. Fará esforços constantes para estimular desejos e memória desse psicanalista. A evidência de "melhora" que me impressionou e agradou não foi parte do trabalho psicanalítico.

Tanto o final de **68** como **69** mantêm integralmente este tema: não é surpreendente que parentes, amigos, o próprio paciente e o psicanalista tendam a concordar sobre o "tratamento" e a "cura" para alguém que se mostrou tão perturbado a ponto de ter recebido um diagnóstico psiquiátrico. No entanto, o paciente mais perturbado pode mostrar lampejos de intuição: lembranças de sua vida mental, muitas vezes perdida de vista. De modo inverso, é muito comum que pessoas demonstrando *insights* poderosos sejam atacadas como se estivessem malucas. No estudo "Mudança catastrófica", usei um exemplo bem conhecido na cultura cristã para chamar a atenção para esse fato. Assinalei uma configuração na qual esse elemento é constantemente repetido. É necessário estar atento a um tipo de "melhora" que pode ser uma negação de qualidades místicas no indivíduo. O erro oposto vê a perturbação mental profunda como se fosse uma evidência de genialidade. Vou deixar esse estudo para uma discussão futura; por agora, reitero as razões para desconfiar de "cura" ou "melhora". Não porque duvide da existência de uma realização que se aproxime desses termos, mas porque a tendência de equacionar psicanálise com "tratamento" e "cura" com melhora é um aviso de que se está restringindo uma psicanálise. Estão se colocando limitações no crescimento do analisando, submetendo-o ao interesse de não perturbar o grupo. Não tenho objeção à conclusão de **70**, até o ponto em que possa ser considerada um pedido de prosseguimento na psicanálise. Mesmo assim, considero-a redundante – pois a psicanálise não precisa de nada daquilo que propaganda e procedimentos políticos podem fazer por ela. De modo inverso, aqueles que desejam possuir as artes do político nunca irão desejar ter uma psicanálise.

Ao escrever sobre alucinação, pensei que seria importante obter um apoio "independente" para o diagnóstico de esquizofrenia. No momento, será mais importante frisar o fato de que esses pacientes são capazes de inspirar reações semelhantes nos membros dos grupos aos quais pertencem. Pessoas que se relacionam mais intimamente com esses pacientes (principalmente parentes e o próprio paciente) queriam alegar que havia algo errado, mas, ao mesmo tempo, que os pacientes não podiam realmente ser "assim". A opinião dos médicos diferia da opinião dos familiares no que dizia respeito ao que seria esse "assim". Nessa época, não me dei conta de que, ao fazer uma abordagem psicanalítica, também estava pressupondo mais um "assim" que o paciente seria. Queria um suporte para a ideia de que eu sabia o que era o paciente; que o paciente era aquilo que a medicina dizia que ele era; e que eu concordava com a medicina. Quis evitar uma posição: aquela na qual iria se dizer que o paciente era tudo aquilo que todo mundo sabia que esse paciente era – com exceção de minha pessoa e, possivelmente, embora não certamente, da pessoa do paciente. No entanto, essa foi a posição em que *me* encontrei. Como psicanalista, estava empenhado em manter a mente aberta, enquanto um sentimento me pressionava, vindo inclusive de *mim mesmo*: a tentação de me refugiar na certeza. Os pacientes mostraram-se ansiosos em concordar com uma interpretação a fim de construir um senso de segurança. Uma vez que desaprovo que se permita que reinem memória e desejo, será correto assinalar que o psicanalista que exclui os dois ficará exposto à ansiedade de estar em minoria – formada por uma pessoa (possivelmente duas, caso o paciente entre no time do psicanalista) – ao ter se envolvido no ato de psicanalisar tal paciente.

Não existe a menor possibilidade de "observar alucinações" até que haja evolução na co-operação. Não creio que isso seja possível se um psicanalista buscar o conforto da co-operação de qualquer pessoa que não seja o paciente. Não se vai melhorar a posição do psicanalista diante de parentes ou amigos, ou outros médicos dispostos a co-operar, pelo que parece ser uma atitude pouco cooperativa e possivelmente arrogante. Porém, uma psicanálise de um esquizofrênico é feita apenas com o paciente; ou não será feita.

A descrição "clínica" em **72** fica aberta às objeções já levantadas contra esse tipo de registro. Essa descrição fica adequada para experiências sensoriais. Ninguém contestaria a realidade psíquica dessa experiência, mas sua realidade sensorial não estava representada. Não posso melhorar a descrição que dei neste estudo, embora não pudesse transmitir convicção a ninguém que não quisesse ser convencido. Poderia pressionar muito a credulidade de alguém que quisesse. Então, o que precisaria ser feito? Concluo pela necessidade de uma condução da vida mental do psicanalista que impeça seus escorregões em maus hábitos mentais, acrescendo-se aos procedimentos já utilizados – análise do psicanalista –, e assim por diante. Ajudaria a evitar erros se, num primeiro passo, os psicanalistas tratassem o que costumam ser considerados relatos de experiência psicanalítica como "modelos" semelhantes aos modelos usados por cientistas do mundo físico. É necessário seguir o método científico com cautela para tornar proveitosas as demonstrações de Freud a respeito do inconsciente. Uma observação psicanalítica de nossas próprias falhas pode mascarar as fraquezas do método científico existente, mesmo que tais fraquezas tenham sido reconhecidas por cientistas. É necessário que o método científico em psicanálise se volte aos defeitos de comunicação em psicanálise. Ou ela é significativa, mas inapropriada para experiências não sensoriais, ou fica de tal modo "abstrata" que estimula, mas não representa, uma experiência não sensorial. A escolha aparece como imprecisão pictórica ou jargão. Um escrutínio cuidadoso das nossas descrições a respeito de experiências psicanalíticas poderia parecer pedantismo, mas não quando a discussão focaliza alucinações, que são, naquilo que concerne ao paciente, experiências sensoriais. Não o são para psicanalistas, já que psicanalistas não escutam, nem olham para aquilo que o paciente alucinado ouve ou vê, mas precisam interpretar os eventos que estão testemunhando.

Menciono em **76** minha incapacidade de relatar os "eventos" que me levaram a pensar que o paciente estava alucinando. Ainda penso ser difícil oferecer sugestões para determinar o ponto no qual a consciência ocorre. Um paciente pode, por exemplo, estar fazendo uma série de afirmações hostis. Pode ser uma simples expressão de hostilidade; mas pode ser parte de um ataque de clivagens sobre o psicanalista. Em uma ocasião, o paciente não ficou amedrontado por estar alucinando, já que, posteriormente, disse estar bem familiarizado com isso, mas estava usando o alucinar à guisa de arma, em uma guerra comigo. Não considero aqui as *variedades da* experiência com as quais um paciente alucinado confronta o psicanalista; o que estou considerando é a experiência que o analista tem da alucinação feita pelo paciente – algo que costuma ser um bom exemplo daquilo que entendo por evolução. Em determinado momento, os fatos parecem se constituir como uma simples manifestação de hostilidade; mas, de repente, ficam transformados; o paciente experimenta o alucinar. É como se o psicanalista que o paciente estava atacando tivesse uma "pele" flutuando externamente, e ocupando agora alguma posição entre o psicanalista e o paciente. (É característico que nesta descrição eu tenha que recorrer a descrições espaciais, dotadas de muito mais "corpo" em relação ao que desejaria dar; reconheço-as como formulações imprecisas.) Na mesma proporção em que o analista seja experiente a respeito de fenômenos psicóticos, terá menos espaço para duvidar da realidade desse tipo de fenômeno. São fenômenos que "evoluem"; estão lá e são substituídos por uma nova "evolução". Felizmente para a psicanálise, é possível demonstrar esses eventos entre psicanalistas e analisandos, mas, infelizmente para a ciência, não podem ser demonstrados na *ausência dos fenômenos*. Há um paralelo curioso com os apuros daqueles que não conseguem resolver matematicamente um problema aritmético com objetos a serem enumerados, sendo obrigados a recorrer à manipulação desses mesmos objetos.

Descrevi nesse artigo a função evacuatória da alucinação como se fosse a única. Atualmente, mantenho expectativas de que as alucinações e o "uso" que se faz delas se modificam constantemente. Um psicanalista precisa estar em posição de "intuir" o alucinar e, em última instância, intuir quais seriam as leis que o regem o alucinar,[36] e suas alterações. Um sistema rígido não pode representar uma realização mutável. Uma das condições necessárias para a observação de alucinação é a capacidade de banir memória e desejo. O psicanalista precisa se capacitar para "intuir" e interpretar uma evolução naquele exato momento em que as censuras dirigidas ao psicanalista são "flutuadas para fora", lançadas para uma "pele" intermediária.

Explico em **71** que as descrições atuais a respeito de alucinação são insuficientes para o uso de psicanalistas praticantes. Acabei de tentar uma descrição que talvez possa explicar o motivo de minha ideia a respeito da necessidade de os analistas formularem suas próprias descrições. Pode-se identificar a transformação desde um abuso hostil sobre o psicanalista, passando pelo estágio de medo de estar penetrando para dentro do analista por meio da violência de um ataque linear (e, portanto, confundindo-se com o analista), até um ataque planar (por meio de associações generalizadas, difusas e não penetrantes); e, a partir daí, ao "flutuar externo" da "pele". Não fico otimista em deixar claro aquilo que pretendo dizer por essa descrição para todos os leitores; no entanto, leitores que possam ter experiência desse tipo de realização não terão dúvidas a respeito de sua realidade.

Um psicanalista não pode permitir-se desviar do vértice no qual eventos emocionais, assim que tenham evoluído, tornam-se "intuíveis". O estudo de alucinação está em seus primórdios, e não

---

36 O leitor pode consultar *Transformações*, p. 153 [N.T.]. Bion, W. R. (2004). *Transformações – do aprendizado ao crescimento* (P. C. Sandler, trad.). Rio de Janeiro: Imago. (Trabalho original publicado em 1965)

no seu término. O tempo confirmou a conjectura feita no final de 82.

Para tentar esclarecer uma conexão entre curiosidade, arrogância e estupidez, faço um ensaio a respeito do mito de Édipo no estudo "Arrogância" (Capítulo 7 deste volume), em 83. Não é fácil estabelecer essa conexão na prática psicanalítica. Sempre que me baseei em memória, tive maior dificuldade para obter essas conexões, se comparadas com minha prática atual, na qual permito que haja evolução na situação analítica; quando isso ocorre, interpreto a "evolução". É imprescindível que a própria operação de curiosidade seja demonstrada para o psicanalista e para o analisando, e não apenas seu nome. Têm aparecido objeções de que o termo *acting out* possa ser uma tradução em inglês de uma frase utilizada por Freud que significaria algo diverso daquele significado atribuído em inglês ao termo. A confusão surge porque se pensa que a discussão está centrada na representação da realização – e não na própria realização; ou vice-versa, que a discussão seria sobre o termo *acting out*, e não a respeito dos fenômenos representados por esse termo. Da mesma forma, não estou falando de ocasiões em que os pacientes usam a palavra "curiosidade", mas estou tentando falar a respeito do próprio exercício de curiosidade. Essa discriminação que estou propondo precisa ser mantida em mente, mas nem sempre terem sido. Se fosse, não haveria a enorme frequência da censura acusatória contra os psicanalistas de que recorrem ao uso de jargão.

Em **88**, afirmo que a pessoa na qual o estudo se baseou nunca se comportou como se fosse um psicótico. Comentário ainda válido, se aceitarmos a utilização do termo no uso psiquiátrico usual.

Melanie Klein acreditava que se poderia encontrar mecanismos psicóticos em todo e qualquer analisando; e que deveriam ser descobertos para que uma psicanálise fosse satisfatória. Concordo com isso; inexiste candidato para uma psicanálise que não esteja amedrontado diante de seus próprios elementos psicóticos, e que não acredite poder conseguir um ajuste satisfatório sem que tenha estes elementos psicanalisados. Para aqueles que se ocupam do treinamento de analistas, há uma solução particularmente perigosa para esse problema. O indivíduo procurar lidar com esse perigo tentando ser um candidato para treinamento em análise, de tal modo que, assim que tenha sido aceito como candidato, tomará a aceitação como uma declaração de imunidade, feita pela melhor autoridade que possa emitir tal declaração. Esse indivíduo poderá prosseguir na evasão de se defrontar e precisar lidar com seu medo, com o auxílio de seu psicanalista, e terminar na condição de ser um psicanalista qualificado. Sua qualificação será uma habilidade, graças à identificação projetiva (na qual esta pessoa não acredita), de enfeitar-se com um estar livre de psicose, uma condição que despreza, gabando-se de que só ocorre em seus pacientes e colegas. Na mesma proporção em que incrementamos estudos psicanalíticos sobre psicose, e mesmo sobre alucinações, ideias anteriormente estabelecidas sobre psicose e alucinação parecem ser ainda mais inadequadas. Não discutirei no momento esses desenvolvimentos por tê-los detalhado no estudo sobre "Mudança catastrófica".

A referência a respeito da destruição de um vínculo importante em **91** está alicerçada em uma quantidade de observações, cujo efeito cumulativo levou-me às formulações do estudo "Ataques contra os vínculos". Quando escrevi esse estudo, não tinha em mente uma série de situações que foram iluminadas pelas ideias nele expostas. Ao observar a evolução da situação psicanalítica, fui levado aos frustrantes aspectos a respeito de memória e desejo. Os analisandos estimulam esses dois elementos no psicanalista, à guisa de método para destruir seu vínculo com o analisando. É como se o paciente fosse um psicanalista que descobriu esses elementos, dispondo-se deliberadamente a estimulá-los e, então, destruir seu relacionamento com seu psicanalista. A experiência de tentar excluir a operação de memória e desejo persuadiu-me do valor em fazê-lo. A dificuldade de se fazer uma exclusão bem-sucedida torna difícil definir memória e desejo com rigor; ou avaliar a natureza do aguçamento da intuição associado à exclusão de memória e desejo. Há uma ideia de causalidade implícita em todo esse estudo – que considero errada. Se um analista permite que esse tipo de ideia – causalidade – se introduza no seu estudo sobre ataques contra os vínculos relacionais durante a sessão, terá uma limitação em sua perspicácia. O "vínculo causal" tem validade aparente apenas em eventos intimamente associados a espaço e tempo. A natureza falaciosa dos raciocínios baseados na ideia de "causas" aparece com clareza na argumentação de Heisenberg.[37] Seus termos poderiam evocar uma resposta simpática em qualquer psicanalista. Esse estudo poderá estimular as investigações dos psicanalistas que não se deixam enganar pela busca de "causas", ou pela proposição de "causas", com exceção de que o façam apenas coloquialmente. A descoberta de uma "causa" relaciona-se mais com a paz de mente do descobridor do que com o objeto de sua investigação.

Isso me leva ao problema de como se pode preencher a lacuna entre a leitura dos vários capítulos neste livro e uma experiência psicanalítica. Minha sugestão é que esses estudos sejam lidos nas mesmas condições necessárias para se efetuar uma psicanálise – sem memória ou desejo. E então, após lidos, esquecidos. Podem ser relidos; mas não lembrados. Tal conselho poderia ser dado com maior segurança se fosse possível qualificar com maior certeza a natureza da comunicação, ou sua condição de ser, ou não, uma formulação. Minha tentativa a esse respeito foi a proposição de que os assim chamados relatos clínicos (supostamente classificáveis como F3) pudessem ser considerados como C3 – transformações

---

37 W. Heinsenberg, *Physics and Philosophy* (Allen & Unwin, 1958, p. 81).

verbais sobre impressões sensoriais. Nesse estágio primitivo, provavelmente não existe categorização mais adequada e útil do que a reputação popular.

Sugeri nessa revisão um estado adequado para intuir realizações psicanalíticas, que pode ser comparado aos estados que supostamente fornecem condições para alucinações. Aparentemente, indivíduos alucinados têm experiências sensoriais sem nenhum pano de fundo de realidade sensorial. É necessário que um capacite-se para intuir uma realidade psíquica sem qualquer realização sensorial que já tenha conhecido. O indivíduo alucinado transforma e interpreta o pano de fundo de uma realidade que ele mesmo conhece, mas o faz em termos diferentes dos empregados por seu psicanalista. Não considero que o paciente alucinado esteja relatando uma realização que possa ter um pano de fundo sensorial; de modo idêntico, não considero que uma interpretação em psicanálise derive de fatos acessíveis ao aparato sensorial. Como se pode explicar a diferença entre uma alucinação e uma interpretação a respeito de uma experiência psicanalítica que foi intuída? Faz-se, por vezes de um modo superficial, como quem não quer nada, uma acusação: psicanalistas analisando pacientes psicóticos também são psicóticos. Eu procuraria uma formulação para representar a diferença entre intuição (no sentido que dei a esse termo) de uma realização, isenta de qualquer componente sensorialmente apreensível, e uma alucinação, que, de modo idêntico, é isenta de qualquer realização sensível. Um psicanalista goza, pelo menos, de uma oportunidade que lhe permite contribuir com uma resposta; muitas pessoas supostamente sãs e responsáveis transformam pensamentos em determinadas ações que só mesmo por caridade seriam denominadas de insanas; e muitas vezes assim são chamadas, caridosamente.

Como um estímulo para novas reflexões, chamo a atenção para uma peculiaridade, conhecida por todos, mas não suficientemente considerada. Normalmente, os órgãos sensoriais têm objetos de sentido específicos. É verdade que o olho, sujeito a uma pressão, aparentemente "verá" luzes (pugilistas as chamam de "estrelas"). No âmbito mental, o "órgão dos sentidos para a realidade psíquica", usando uma frase de Freud, não tem tal limitação. Pode apreciar, indiferentemente, todas as contrapartidas de *todos* os sentidos. Aparentemente, as contrapartes mentais de olfato, visão etc. podem ser intuídas pelo mesmo aparato. A questão é de importância prática para um psicanalista cujo analisando diz: "Vejo o que você quer dizer" quando esse paciente está sob uma alucinação, digamos, de ser agredido sexualmente; o que *ele* está querendo dizer é que o *significado* do que foi dito pelo psicanalista lhe apareceu de forma visual; e *não* que ele entendeu a interpretação. O último artigo, "Uma teoria do pensar" (Capítulo 9 deste volume), introduz esse tipo de problema.

Um fato tão óbvio, que pode passar despercebido, é que o pensar e o falar desempenham um papel muito importante na psicanálise. Fato que não foge à atenção do paciente que está concentrando seus ataques aos vínculos. Em particular, o vínculo com seu analista. Esse paciente faz ataques destrutivos à capacidade dos dois para falar e pensar. Para que esses ataques sejam devidamente compreendidos, o psicanalista precisa estar ciente da natureza dos alvos que estão sendo atacados – esse estudo tenta elucidar essa natureza. Revendo **98** com mais experiência, colocaria mais ênfase na importância de duvidar que, se existem pensamentos, é necessário um pensador. Para uma compreensão adequada da situação que emerge quando se fazem ataques à vinculação, é útil postular a existência de pensamentos que não têm pensador. Não posso discutir aqui esses problemas, mas preciso formulá-los para prosseguir nessa investigação. Portanto: existem pensamentos sem um pensador. A ideia de infinitude é anterior a qualquer ideia de finito. O finito é "arrebatado do infinito obscuro e sem forma".³⁸ Vou reafirmar a mesma coisa de modo mais concreto: um "sentimento oceânico" torna a personalidade humana ciente do infinito, conscientizando-se então de uma limitação, presumivelmente por meio da experiência física e mental de si mesma, e da sensação de frustração. Um número que é infinito, uma sensação de infinito, é substituído por uma sensação de "três-ice".³⁹ Um sentido de existência de apenas três objetos substitui o sentido de existência de um número infinito de objetos; o espaço infinito tornou-se um espaço finito. Pensamentos que não têm nenhum pensador adquirem, ou são adquiridos, por um pensador.

Na prática, descobri que essa formulação, ou algo parecido com ela, é uma aproximação útil para as realizações psicanalíticas. O paciente que sofre do que costumava ser conhecido como "perturbações no pensar" fornecerá exemplos demonstrando que toda interpretação feita por um psicanalista é, na verdade, um pensamento desse mesmo paciente. Esse paciente irá revelar sua crença: outras pessoas, incluindo, é claro, seu analista, na realidade, furtaram as ideias dele, para depois escreverem estudos científicos e livros. Essa crença se estende ao que, em pacientes mais usuais, aparece na forma de uma situação edipiana. Até o ponto em que esse paciente pode admitir um fato – o da relação sexual parental, ou que há uma relação sexual verbal entre ele e seu psicanalista –, ele é apenas um amontoado de fezes, o produto de um casal. Na

---

38 *Won from the dark and formless infinite* no original. Paráfrase pessoal de Bion sobre um poema de John Milton, *Paraíso perdido*, livro III. As estrofes na poesia, citadas em *Transformações*, p. 151, na edição original pela Heinemann Medical Books, são: "*The rising world of waters dark and deep/ Won from the void and formless infinite*" [N.T.].

39 *Threeness* no original. O sentido sobre a existência de 3 (em notação aritmética), ou três (em notação verbal); de modo ainda mais concreto: três pessoas, três coisas [N.T.].

medida em que ele se considera seu próprio criador, então evoluiu do infinito. Suas qualidades humanas (limitações) são devidas aos pais, pela relação sexual, que roubou sua própria pessoa de si mesma (equacionada a Deus). É tal a quantidade de ramificações dessa atitude, discerníveis com maior clareza caso o psicanalista postule "pensamentos sem pensador", que seria necessário outro livro para tentar elucidá-las. Mesmo que essa formulação seja inadequada, mantenho a esperança de que o leitor encontre a continuidade dos desenvolvimentos que tentei esquematizar em todos esses estudos.

Preciso alertar a respeito de uma frase que empreguei em **100**: "dados empiricamente verificáveis". Não estou querendo dizer que a experiência "verifica" ou "valida" coisa alguma. A crença que encontrei na literatura sobre filosofia da ciência relaciona-se à experiência que capacita o cientista a obter um sentido de segurança para contrabalançar e neutralizar o sentido de insegurança na descoberta de que a própria descoberta expôs mais profundamente novas visões de problemas que não haviam sido resolvidos – "pensamentos" em busca de um pensador.

Notas sobre esta versão para a língua portuguesa de *Second Thoughts*

Paulo Cesar Sandler

O lançamento desta versão parece ser – pelo menos para este tradutor – oportuno para leitores interessados nos progressos que ocorreram na psicanálise, vinculados ao trabalho do dr. Wilfred Ruprecht Bion. Seria oportuno por alguns fatos: um deles, típico do mercado livreiro, e exacerbado nos tempos atuais: editoras e livrarias tentam se adaptar às mudanças aceleradas e impostas por um evento social denominado de tecnologia da informática. Dentro do nicho de mercado formado por obras de psicanálise, a situação é ainda mais complicada por fatores relacionados às dificuldades nas versões para o português, envolvendo também a delicada questão de direitos autorais: esses fatores implicam na fidedignidade das versões.

Fatores colaterais, igualmente danosos, são: (i) a impossibilidade de acesso a livros novos: há um clamor generalizado de leitores brasileiros, que sem alternativa legal, fazem uma caçada no mercado de livros usados, por preços submetidos à lei da oferta e procura, desequilibrados pela avidez humana; (ii) a obra escrita por Bion tem sido recebida, tanto no movimento psicanalítico como fora dele, dentro de um espectro contraditório. Em um polo, há muitos leitores – ou candidatos a leitores – que a tem qualificado como controversa; não hesitam em lançar mão de epítetos hostis: mística, ininteligível, difícil de alcançar, obscura, mal escrita, demasiadamente teórica. No outro polo desse espectro, há os que se tornaram muito rapidamente adeptos, mas de uma forma adequada apenas para grupos políticos, esportivos ou religiosos: qualificam-na como revolucionária; dizem (confundindo o autor com sua obra) que Bion teria sido "fundador de uma nova psicanálise", melhor que a de Freud ou de qualquer outro autor; aparentemente, qualificações elogiosas, mas cujo resultado é o mesmo das que parecem ser hostis: ambas impedem uma percepção realística sobre os eventuais valor científico e utilidade clínica da obra de Bion. Idólatras e iconoclastas: duas faces da mesma moeda, cuja utilidade acaba sendo de degeneração e destruição da obra de qualquer autor. Essa situação não psicanalítica, mas social dos grupos humanos, já afetou o aproveitamento útil (para pacientes e analistas) de outros autores, como a obra de Freud e de Klein – os principais inspiradores psicanalíticos da obra de Bion. Foi notada por Freud, no prefácio da décima edição de *A interpretação dos sonhos*, observou que esses livros estavam alcançando bom resultado nas vendas; mas que poucos os estavam lendo. A obra de Bion tem se comportado, ao longo dos últimos cinquenta anos, de modo diverso: editoras e livreiros ficaram desapontados quanto às vendas, comparativamente a outros autores. No entanto, essa parece ser uma situação que experimenta uma mudança na última década, contribuindo para o clamor acima citado, ajuntado a pedidos para novas versões. Idolatria, iconoclastia e uma história editorial sobre as obras de Bion está publicada em outro lugar.[1]

---

1 Sandler, PC (2015) Editorial issues: the establishment's reaction, In *Authoritative, not Authoritarian psycho-analysis*. Volume 1 de *An Introduction to W. R. Bion's A Memoir of Future*. Londres: Routledge, 2015, pp. 49–65.

Uma questão permanece: quantos, dentre os que adquirem os livros, têm podido apreciar o conteúdo da obra, do modo recomendado pelo próprio autor, W. R. Bion? Esse "modo Bion" está claramente descrito nos "Comentários" do presente livro. Reproduzo-o agora, para o leitor que não pôde, ou preferiu não ler:

> *Muitos psicanalistas reconhecem as implicações do estudo sobre* Os dois princípios de funcionamento mental *(1911) de Freud. Isso não significa que esses fatos tenham sido reconhecidos por algum psicanalista em particular. Memória, como de costume, oferece um substituto rápido, pelo menos na aparência, para permitir que uma evolução comece na mente do leitor. O que afirmei sobre as sessões psicanalíticas se aplica à* experiência *de leitura de uma obra psicanalítica. É necessário ler o estudo de Freud e é necessário "esquecer" esse mesmo estudo. Só assim será possível produzir as condições nas quais, quando esse estudo puder ser lido novamente, se estimulará a evolução de novos desenvolvimentos. Só há tempo para fazer isso com os melhores estudos; mas apenas os melhores estudos têm o poder de estimular uma leitura defensiva (do assunto desse estudo) como um substituto para experimentar o próprio estudo – algo que denominei em outro lugar de Transformações em K, substituindo Transformações em O.[2] Os mesmos comentários são válidos para os estudos de Melanie Klein.*

---

2 W. R. Bion: *Transformations* (Heinemann Medical Books, 1965, pp. 141 e 156, respectivamente). Houve três versões em português, todas publicadas pela Editora Imago. A que se firmou, por conter correções ao original em inglês, foi lançada em 2003. Atualmente, esgotada.

Essa visão de que estudos em psicanálise precisam ser tratados como experiências, que afetam o desenvolvimento do leitor, não será aceita por todos os psicanalistas. Não estou asseverando que seja uma questão de escolha consciente, determinada por desejos do leitor. Mas afianço que certos livros, como certas obras de arte, despertam sentimentos poderosos, estimulando o crescimento, independentemente de a pessoa querer ou não. Como todos nós sabemos, assim foi com Freud.

Bion escreveu esses "Comentários" em 1966. A primeira – e única – edição de *Second Thoughts* foi publicada em 1967.

Em 1965, a editora Heinemann Medical Books, de Londres, publicou o livro *Transformations* (*Transformações*). Parece a este tradutor que esse livro precisaria ser consultado – como Bion recomenda em vários trechos, por exemplo, em uma nota de rodapé – para que o leitor tenha alguma noção das definições a respeito do que ele denomina "Transformações em K" e "Transformações em O". Para auxiliar o leitor não familiarizado, o conceito de Transformações em K se referem às transformações (mudanças formais) feitas principalmente pelos nossos sistemas consciente e pré-consciente (no modelo teórico do aparato mental proposto por Freud), nos quais imperam raciocínios, elaborados sob a lógica formal; e também padrões sociais clivando tempo de espaço. O conceito de Transformações em O refere-se às transformações efetuadas pelo nosso sistema inconsciente, no qual inexiste raciocínio lógico; seu funcionamento é atemporal e anespacial. Leitores familiarizados com psicanálise reconhecerão a hipótese teórica de Freud – inspirada no modelo médico, sobre um aparato psíquico, similar aos vários aparatos funcionais nos modelos teóricos da medicina interna e da biologia: sensorial, neurológico, digestivo, cardiorrespiratório, endócrino, osteomuscular etc. Freud sugeriu que nosso aparato psíquico funciona através de um mecanismo baseado em três sistemas: consciente, pré-consciente e inconsciente.

Seria útil denominar o sistema inconsciente de sistema desconhecido? Alguns pensariam que não se justificaria essa nova denominação, pois inconsciente e desconhecido são sinônimos: tanto faz usar um ou outro. No entanto, o nome "inconsciente", um século depois da proposição de Freud, assumiu uma penumbra de significados notável: houve uma concretização do conceito, como se "inconsciente" fosse alguma coisa material, que pode ser tocada, ou colocada aqui ou ali – uma entidade antropomórfica e animizada, e não mais uma sugestão teórica que tenha alguma contraparte na realidade. Então, talvez por algum tempo, seria melhor reinstituirmos a denominação original de Freud, sobre sistemas consciente, inconsciente e pré-consciente, e também falarmos, coloquialmente, "desconhecido". Até onde sei, só um autor – Frank Julian Philips – enfatizou esse ponto,[3] mas apenas no título de seu único livro. Alguns leitores têm noção de que o sr. Philips foi responsável pela introdução prática da obra de Bion em São Paulo, a partir de 1968, e até 1999.

Estou sugerindo o uso, ainda que temporário, do termo coloquial, "desconhecido", para melhor qualificar as Transformações em O, já que Transformações em K tratam do que é conhecido (K = Knowledge, em inglês – conhecimento) – e também para introduzir o que me parece ser uma das importantes contribuições à prática psicanalítica feita por dois autores: Donald Winnicott e Wilfred Bion. Devemos aos dois o retorno do uso de linguagem coloquial na comunicação que nós, membros do movimento psicanalítico, podemos ter com nossos pacientes. Outro fator está implicado nesse assinalamento: a jargonificação do termo "inconsciente", devida à pouca apreensão do conceito, excessivamente materializado,

---

3 Frank Julian Philips, *Psicanálise do Desconhecido* (Editora 34, 1997).

abrindo caminho à prevalência de manipulações engenhosas de "malabarismos verbais" que ficam tentando explicar racionalmente as teorias psicanalíticas. São nocivas, segundo Freud e Bion, pois tornaram-se lugares-comuns entre boa parte dos interessados em psicologia, que fundaram uma nova língua – poderíamos denominá-la "psicologuês"? Shakespeare expressa claramente a situação, em várias peças, sobre uma vida "plena de som e fúria, nada significando", fazendo "muito barulho, por nada". Bion se endereça a essa questão neste livro – e já a havia considerado em seus três livros anteriores, *Learning from Experience, Elements of Psycho-Analysis* e *Transformations,* publicados pela Heinemann Medical Books, de Londres, em 1962, 1963 e 1965 *(Aprender da Experiência, Elementos de Psicanálise* e *Transformações).* Bion prosseguiu abordando o problema da comunicação e da elaboração teórica, de modo ainda mais profundo, em livros publicados em três lugares (Londres, Rio de Janeiro e Strathclyde, Escócia), pelas editoras Tavistock Publications, Imago e Clunie Press, em 1970, 1975, 1977 e 1978, respectivamente: *Attention and Interpretation* e os três volumes da trilogia *A Memoir of the Future (Atenção e Interpretação* e *Uma Memória do Futuro).* Resumindo: após 1967 – quando a edição original de *Second Thoughts* foi publicada pela Heinemann Medical Books – seguiram-se mais quatro livros publicados com a anuência e a colaboração de Bion. Também houve, em 1977, a reimpressão dos primeiros quatro livros, considerados "básicos" para poder se estudar a obra de Bion, reunidos em apenas um volume por Jason Aronson, de Nova York: *Seven Servants.* O leitor pode ter uma pequena ideia da acidentada carreira editorial dos livros de Bion – e apenas na língua inglesa!

Normas

Do mesmo modo que fiz em outras versões para o português das obras de Bion, segui obras de Bion, segui alguns padrões normativos científicos (e não estilísticos) para essa tradução, na suposição de que podem facilitar a leitura. Como todo padrão fica sujeito a críticas – assim como toda e qualquer tradução – estas, quando construtivas, serão bem recebidas, pois poderão incrementar a qualidade desta versão. O mesmo se aplica para críticas que pareçam destrutivas: Bion alerta sobre o erro em se subestimar "o poder de boatos e desconfianças", o que me parece recomendar alguma noção da natureza humana: críticas destrutivas podem fornecer alguma experiência para aprendizado. Italianos, irados contra versões francesas da obra de Dante, fizeram um alerta: *tradutore, tradittore*.[4] Isso torna tradutores, compondo um grupo descrito por Alexander Pope, um iluminista inglês citado por Bion: "tolos irrompem onde anjos temem pisar" (*For fools rush in where angels fear to tread*).[5] Tento seguir um esclarecimento de Haroldo de Campos, experiente literato polivalente, que adentrou à prática poética, literária e de versões, a respeito do arriscado ato de verter algo escrito em uma língua para outra – atividade, de modo último, impossível, pois sempre desemboca no intraduzível. Ele recomendou que a pessoa tente uma transcriação.[6]

* * *

A presente versão contou com a inestimável ajuda de Francesca Bion, esposa de Wilfred Bion: uma pessoa que cumpriu várias

---

4 Khordorovsky, M (2008) Traduttore, Traditore. *Alta*. www.altalang.com.
5 Alexander Pope, *An Essay on Criticism*, 1711. Recuperado de http://www.poemhunter.com/poem/an-essay-on-criticism
6 Marcelo Thapia e Thelma Medici Nobrega (Orgs.), *Haroldo de Campos – Transcriação* (Perspectiva, 2013).

funções editoriais, como datilografar, desde 1950, editar e corrigir todas as obras de seu marido. Após o falecimento de Bion, em 1979, resolveu resgatar boa parte da obra não publicada, e decidiu divulgá-la, postumamente – em uma história real contada por ela mesma em *Cogitações* e também por este tradutor, em outros textos. Confiou-me a informação de que instou ativamente seu marido, logo após o casamento, a fazer seu primeiro escrito psicanalítico, aqui reproduzido – "O gêmeo imaginário" –, com o qual postulou a condição de membro da Sociedade Britânica de Psicanálise: até então, era membro da Clínica Tavistock.

Do mesmo modo que ocorreu em todas as outras versões que fiz para o português – algumas delas, com a Dra. Ester Hadassa Sandler – encontrei enganos. Alguns, tipográficos; outros, de edição e revisão. Devo à estimulante sinceridade de Francesca Bion as autorizações para corrigir tais erros; garantiu-me acesso não apenas aos manuscritos, mas também à biblioteca particular de Bion. O leitor atento que prefere confrontar nossa versão com o original verá modificações que correspondem aos erros que encontramos. Esses enganos, combinamos, serão inseridos em eventuais edições posteriores, em inglês.

* * *

Em 2003, por uma ideia de um editor brasileiro, Luiz Rivera, sugeri para Francesca Bion, Oliver Rathbone (então diretor da Karnac Books) e Jayme Salomão (então diretor da Imago Editora) a publicação das obras completas de W. R. Bion. Francesca Bion aceitou prontamente a ideia. Jayme Salomão conseguiu republicar duas versões que fiz, a seu pedido, e também mais duas, feitas em conjunto com Ester Hadassa Sandler, dentro do projeto de obras completas em português. Questões financeiras impediram-no de prosseguir. Em 2013, por questões de saúde devidas à idade avançada, Francesca Bion transferiu a responsabilidade de prosseguir na organização das *Obras Completas* de W. R. Bion para seu auxiliar, o sr. Christopher Mawson, psicólogo e membro titular da Sociedade Britânica de Psicanálise. Uma amizade genuína entre nós três, de algumas décadas, os fez incluir várias correções – que já apareciam nas novas versões brasileiras. Francesca Bion faleceu em 2015, com mais de nove décadas de uma vida plena, ainda a tempo de ver a edição finalizada das *Obras Completas*. Infelizmente, o lançamento da presente versão em português testemunha o precoce e inesperado falecimento de Chris Mawson.[7]

A primeira versão de *Second Thoughts* em português, por Wellington de Mello Dantas, foi publicada pela editora Imago, em 1988, sob o título de *Estudos Psicanalíticos Revisados*. Sempre fez parte de minha conduta nunca verter obras que já tivessem sido traduzidas por colegas psicanalistas. Entre 1988 e 2002, ative-me a verter obras que ainda não o tinham sido (*Uma Memória do Futuro, Bion em New York e São Paulo, Cogitações*, para as editoras Martins Fontes e Imago). Não por questões comerciais – direitos autorais de propriedade das editoras –, mas por uma questão ética. No entanto, devido a inúmeras questões que perturbavam a leitura das versões existentes, chegando às raias da impossibilidade em alguns casos (onde havia erros na edição inglesa que não foram sequer detectados, além de outros fatores), tomei a decisão de aceitar o convite de três editores e de uma agente literária: Francesca Bion, Jayme Salomão, Oliver Rathbone e Stephanie Ebdon, que trabalhava para a Marsh. Minha decisão de atender foi reforçada em sua validez, pois houve, infelizmente, o falecimento de Paulo Dias Correa e de Wellington Dantas. Presto aqui meu reconhecimento aos dois, que estiveram entre os melhores amigos de atividade que tive a oportunidade de conhecer.

---

7 *Memorial Meeting* para Christopher Mawson, 17 de fevereiro de 2021, Sociedade Britânica de Psicanálise, com obituários feitos por Ronald Britton, Denys Flinn, Nicola Abel-Hirsch e Paulo Cesar Sandler.

Para finalizar, embora não me pareça útil justificar todas as opções que fiz, inerentes à tarefa que me propus, esclarecer algumas delas parece-me pertinente. As opções vinculam-se a dois pontos de apoio: alguns termos parecem-me mais adequados para transmitir verbalmente processos psíquicos descritos por Bion, que aparecem na minha prática analítica do mesmo modo pelo qual ele os descreve. Faço uma paráfrase do primeiro "Comentário" feito por Bion: essa versão contém distorções originadas pelo passado do tradutor, que se iniciou e prossegue imerso em experiência clínica, inspirando a versão de outras obras e sendo absolutamente fiel ao texto em inglês, com o intuito expresso de auxiliar que o leitor imagine que o escrito se refira mais ao tradutor do que ao autor. Descobri que tal intuito subestima o poder de boatos e desconfianças de incompetência, motivadas por rivalidade e pouco saber – qualificativos aplicáveis tanto para esse tradutor, como para o leitor.

Glossário

Alguns termos cuja versão poderá suscitar dúvidas têm a versão original, em inglês, em uma nota de rodapé.

Acting out (no original): Tem sido vertido como "atuação"; corresponde a uma ação ideomotora em que a personalidade passa do instinto diretamente para uma ação, sem interveniência do aparato do pensar. Foi definido por S. Freud. Como sempre ocorre com traduções, há controvérsias literárias em relação a esse sintagma, que tenta corresponder a *agieren* e *handeln*, em alemão. Controvérsias que se agudizaram especialmente nos oferecimentos feitos pela equipe chefiada por James Strachey. Dou maior consideração a termos consagrados pelo uso, do que sua real adequação linguística. No caso das versões para o inglês do alemão usado por Freud, há um fator histórico interveniente: questões financeiras e fatores psíquicos, pessoais, de alguns tradutores. Sigmund Freud e Wilfred Bion não tinham a menor dúvida sobre o valor do trabalho de James Strachey, Alix Strachey, Alan Tyson e Joan Riviere, iniciada nos anos 1920 (depois de algumas tentativas por autores norte-americanos), e com a supervisão direta de Sigmund Freud, que dominava a língua inglesa. Incluiu uma obra aprovada por Anna Freud – o *Entwruf einer psychologia* e algumas cartas, não mais supervisionadas por Freud, que faleceu em 1939. Essas versões estenderam- se até os anos 1950. A publicação da *Standard Edition,* supervisionada por Anna Freud, iniciou-se em 1955 e completou-se em 1964, quando Bion ocupava a presidência da Sociedade Britânica de Psicanálise – no auge de sua influência mundial, por abrigar uma plêiade de novos autores, nunca mais obtida. O termo em inglês se consagrou em estudos de psicanálise.

Actual (e *actuality*): realidade, atualidade, de fato.

Artigos, preposições: Bion utiliza-se exclusivamente de um estilo de escrita comum em inglês, usado em universidades onde se ensinam ciências humanas, usando preposições e a forma singular: o psicanalista, o matemático, o físico etc. Verti como "um psicanalista", "um matemático" etc., por me parecer mais preciso sob o vértice de escrita coloquial em português. Essa norma foi seguida também por outro motivo: parece-me demasiadamente literal verter para o português segundo uma norma usual em inglês, em que usa-se, gramaticalmente, muitos artigos, que em português contribuem para um estilo pouco usual. Nos termos que servem como título, precedidos de preposições (*On Hallucination, On Arrogance*), têm sido vertido usando o termo "sobre". Minha decisão favoreceu uma simplificação, em parte porque a preposição está implícita, e em parte por não ser usual em nossa língua.

Awareness: vertido, conforme a frase, por estar cônscio; estar ciente; ter consciência de.

Bachelor in Arts (BA) concedido em Oxford, na disciplina de história.

Distinguished Service Order (DSO), a mais alta condecoração militar por bravura em combate concedida para Bion, além de outras, no conflito mundial que perdurou por quatro anos, entre 1914 e 1918.

Establishment: uma versão em português poderia ser "instituição". Preferimos adotar o termo em inglês, pois, como *acting out* e *insight*, também ficou globalizado. Tem sido usado pelo menos desde o século XVII – por Thomas Browne. Foi relembrado nos dois séculos seguintes por Ralph Waldo Emerson e Arnold Toynbee. Saiu do âmbito erudito nos anos 1950, tornando-se popular, pelo esforço de um jornalista – Henry Fairlie, educado em Oxford, que escrevia para o periódico *The Spectator*, dirigido às classes educadas de fala inglesa. Descreve o comportamento do grupo social estruturado, metaforicamente, como se fosse uma pirâmide: o topo da pirâmide fica ocupado por uma elite autoritária que dita as bases da matriz total das relações oficiais que exercem poder de decisão dos caminhos sociais. No Brasil, durante os anos 1990, jornalistas usavam o sintagma "formadores de opinião", mas referindo-se apenas aos estamentos jornalístico e pedagógico. A obra de todos esses autores, de Browne a Fairlie, era familiar para Bion – que assinava o periódico.

Gramofone: no capítulo 4 há a menção sobre uma alucinação de um paciente, relativa a um gramofone. Um aparelho comum na primeira metade do século XX, e já antiguidade na segunda metade que podia reproduzir discos de acetato com gravações de voz e de instrumentos musicais, com mecanismo de corda; substituídos por vitrolas eletromecânicas, e depois por discos digitais compactados, hoje também ultrapassados por mecanismos totalmente eletrônicos computadorizados, que condenaram esses reprodutores a servirem de artigos de museu.

Insight: Refere-se a uma visão que a pessoa tem de si mesma. Um conceito *princeps* na teoria psicanalítica, versão inglesa de *Einsicht*, no alemão usado por Freud. Evito introduzir novos termos, que, demasiadamente, são neologismos. O melhor modo de evitá-los é apelar para um respeito a termos consagrados pelo uso. O termo *insight* consagrou-se no português falado no Brasil - tanto para uso técnico, como para uso leigo. A língua brasileira tornou-se notavelmente anglicizada; não é exceção, quando comparada com outras línguas ao redor do mundo, por meio de um movimento iniciado no pós-segunda guerra e incrementado nos anos 1970.

Licentiate, Royal College of Surgeons (LRCP), licenciado como cirurgião pela Academia Real de Cirurgiões.

Link, vertido como Vínculo e, em algumas ocasiões, acrescido do termo "relacional". Wellington Dantas, responsável pela primeira versão brasileira, preferiu o termo "elo de ligação".

Lord Adrian: no capítulo 6, há uma nota de rodapé em que Bion refere-se à descoberta da eletrofisiologia nervosa feita por Edgard Douglas Adrian. Uma descoberta de Adrian que passou a ser empregada cotidianamente em fisiologia e neurologia, até hoje.

Francesca Bion repetiu em várias ocasiões e registrou no prefácio a *Bion em Nova York e São Paulo*, que seu marido esperava que os leitores tivessem ideias mínimas a respeito dos assuntos que abordava – incluindo neurologia, psiquiatria, psicanálise e filosofia da ciência. Reconhecendo que tanto a descoberta de Adrian, como seu nome, tem sido crescentemente ignorados, a não ser por especialistas em história da medicina e neurofisiologistas, incluo a seguinte nota histórico-científica sobre a descoberta de Adrian, de tal modo relevante para o trabalho de Bion, que mereceu a citação.

Referi acima que o nome de Edgar Douglas Adrian foi esquecido, mesmo que tenha sido responsável pelo maior avanço no estudo do comportamento dos axônios (a única parte da doutrina do neurônio que tem uma contraparte na realidade) até hoje ocorrido; foi agraciado com um Prêmio Nobel e com um título de nobreza – Barão Adrian de Cambridge, entre outras condecorações.

Sua descoberta pode ser resumida do seguinte modo: havendo um estímulo de intensidade constante aplicado à pele, excita-se imediatamente um órgão interno, que se localiza a uma distância do estímulo. A excitação diminui progressivamente, mesmo que haja continuidade na estimulação. Simultaneamente, impulsos sensoriais de intensidade constante passam ao longo do nervo entre a recepção e o órgão final. Esses impulsos sensoriais são, inicialmente, muito frequentes, mas diminuem gradualmente sua frequência.

Ao demonstrar o efeito aferente em um determinado neurônio, Adrian forneceu a base qualitativa e quantitativa para o comportamento nervoso, validando uma concepção anterior sobre o caráter do impulso nervoso propagado, de "tudo ou nada". O valor dessa descoberta para a teoria de Freud sobre os dois princípios do funcionamento psíquico – a origem de todo o trabalho de Bion não é apenas inegável, mas me parece fundamental. Apreciações sobre magnitude (intensidade), ou seja, quantidade, mas sempre correlacionada com qualidade, apareceram em *Elementos de psicanálise* e, até certo ponto, em *Transformações*, nas correlações entre o número zero e a capacidade humana de tolerância de frustração, incluindo o fenômeno de alucinose – depois expandidas em todos os livros posteriores.

Member of the Royal College of Surgeons (MRCS), membro do Academia Real de Cirurgiões.

Phantasia: criado pelos tradutores da obra de Freud para a língua inglesa,[8] com aprovação de Freud – para representar a definição de "fantasia inconsciente", com a intenção de discriminar a concepção e o sentido do termo utilizado no lugar-comum, "fantasia". Fantasia inconsciente, ou *phantasia*, foi umas das descobertas mais úteis de Freud – cuja obra não pode ser considerada pobre em descobertas. Em função disso, foi adotada por Bion neste livro e decidimos respeitá-lo. Como o termo clivagem, phantasia foi conservada por tradutores e autores que viveram na época de Freud, e também de Klein e Bion, mas não por autores da atualidade, que tem preferido o termo "fantasia".

Pré-concepção e preconcepção: Bion criou neologismos fazendo uso hifenado de poucos termos. Um deles é o termo preconcepção, para as ideias "*a priori*", no sentido dado por Kant, adaptando-as à pratica psicanalítica, teorizando sobre pré-concepções do bebê acerca do seio – conforme o leitor pode ver neste livro, no estudo "Uma teoria do pensar" – e sobre Édipo (em *Transformações*, pp. 4, 19, 50, entre outras, na edição original, Heinemann Medical Books, publicada em 1965), e também sobre ideias classificáveis na categoria (linha) D do instrumento "Grade"; e prossegue usando o termo do modo usual, para se referir a ideias teóricas do analista (em *Elementos de psicanálise*, p. 75 na edição original, Heinemann Medical Books, publicada em 1963).

Psique: em algumas partes desta versão, o termo psique foi mantido; em outras, foi substituído, por precisão, por aparato psíquico. O mesmo se deu com os termos mente (*mind*) e mental.

Realização é um termo que passou a ser usual em nossa língua, mesmo que seja um anglicismo originado pelo termo *realization*,

---

[8] James Strachey, Alan Tyson, Alix Strachey e Joan Riviere, com alguma colaboração de Anna Freud, após o falecimento de seu pai.

em que a pessoa torna real, para si mesma, alguma percepção, concepção ou noção que tenha tido de algum evento, alguma pessoa ou alguma coisa.

Splitting: vertido como "clivagem", também usado em outras ciências, como embriologia e mineralogia. O termo mais usual nas versões brasileiras atuais tem sido "cisão". No entanto, minha opção é idêntica à usada pelos tradutores brasileiros com formação psiquiátrica e/ou psicanalítica que conviveram (em dois casos) com Freud e (em alguns casos), com Klein e Bion "Cisão" tem um campo semântico mais amplo, admitindo maior penumbra de significados; tem sido usado para outras atividades, como política, por incluir a possibilidade de nova reunião – algo impossível quando se usa o termo clivagem.